U0499512

本书获得
兰州财经大学公共管理学科（甘肃省重点学科）建设经费资助
甘肃省科技计划（基础研究计划—软科学专项：22JR4ZA061）经费资助
甘肃省陇原青年英才、兰州财经大学专项科研经费资助

土地资源资产负债表
核算编制与未来估算

——以张掖市为例

朱前涛◎著

中国财经出版传媒集团

经济科学出版社
Economic Science Press

·北京·

图书在版编目（CIP）数据

土地资源资产负债表核算编制与未来估算：以张掖市为例/朱前涛著 . -- 北京：经济科学出版社，2024.3

ISBN 978 - 7 - 5218 - 5705 - 4

Ⅰ.①土… Ⅱ.①朱… Ⅲ.①土地资源—资源核算—研究—张掖 Ⅳ.①F323.211

中国国家版本馆 CIP 数据核字（2024）第 057208 号

责任编辑：朱明静
责任校对：王肖楠
责任印制：邱　天

土地资源资产负债表核算编制与未来估算

——以张掖市为例

TUDI ZIYUAN ZICHAN FUZHAIBIAO HESUAN BIANZHI YU WEILAI GUSUAN

—YI ZHANGYESHI WEILI

朱前涛　著

经济科学出版社出版、发行　新华书店经销

社址：北京市海淀区阜成路甲 28 号　邮编：100142

总编部电话：010 - 88191217　发行部电话：010 - 88191522

网址：www. esp. com. cn

电子邮箱：esp@ esp. com. cn

天猫网店：经济科学出版社旗舰店

网址：http://jjkxcbs. tmall. com

固安华明印业有限公司印装

710×1000　16 开　11.25 印张　200000 字

2024 年 3 月第 1 版　2024 年 3 月第 1 次印刷

ISBN 978 - 7 - 5218 - 5705 - 4　定价：68.00 元

（图书出现印装问题，本社负责调换。电话：010 - 88191545）

（版权所有　侵权必究　打击盗版　举报热线：010 - 88191661

QQ：2242791300　营销中心电话：010 - 88191537

电子邮箱：dbts@ esp. com. cn）

前　言

　　水资源的合理配置、土地资源的合理规划与利用，是我国西北干旱区绿洲社会经济系统可持续发展的关键。张掖市地处河西走廊中段，是我国西北粮食的主产区之一、国家"两屏三带"的关键区域，处于"粮食安全还是生态安全"的矛盾集中点上。基于此，本书选取张掖市为研究区，以土地资源资产负债研究为突破口，在对 2012～2017 年张掖市土地利用变化及土地资源资产负债实物量统计、分析与计量的基础上，利用各类价值化方法，详细计量分析了土地资源资产负债的经济、社会以及生态服务价值，建立了研究区土地资源资产负债的实物量和价值量账户，编制了研究期间的土地资源资产负债表。运用"定量＋定性"方法，对张掖市未来土地资源数量与结构进行了模拟，并试编了 2030 年的土地资源资产负债表，探讨了未来土地资源资产负债变化的各种可能性，提出了未来土地资源规划、发展和保护等对策措施。

一、张掖市土地资源实物量核算

　　作为连接中国和欧亚大陆的关键枢纽，2012～2017 年，由于高铁的修建、乡村道路的拓宽与硬化，水库、水渠等水利基础设施的建设与推进，根据相关年份《张掖市统计年鉴》及《张掖市国民经济与社会发展统计公报》等统计数据，张掖市的交通运输用地增幅高达 253.83%，水域及水利设施用地增幅达到 69.36%；由于水资源的高效合理利用、种植结构的调整与变化，耕地资源增幅达到 39.37%；由于生态环境保护措施的实施，林地、草地面积稳步增长，增幅分别达到 12.83%、4.32%；由于人口及经济稳步增长，对应城镇村及工矿用地增长 13.41%，而园地和其他土地呈现出了负增长。总体而言，2012～2017 年张掖市土地资源的利用变化与经济发展阶段是相适应的，实现了地类间良好的动态平衡。

二、张掖市土地资源价值量核算

2012～2017 年，研究区资产类价值量共增加了 1699.3 亿元，增长幅度达到 49.14%。其中，土地资源社会价值增速最快，达到了 98.85%，增加值为 152.77 亿元；其次是经济价值，增幅为 52.76%，增加值为 1388.31 亿元；生态服务价值位居第三，增幅为 23.55%，增加值为 158.22 亿元。近几年，张掖市水资源利用效率显著提高，水域及水利设施用地经济价值增长突出，增加 996.12 亿元，增幅达到了期初的 69.35%；城市交通运输能力以及乡村道路交通设施得到了极大改善和提升，交通运输用地经济价值增加了 290.45 亿元，增幅达到了期初的 253.82%，旅游呈爆发式增长状态，社会价值中的游憩价值增加 130.2 亿元，增幅达到了期初的 480.44%。

三、开展张掖市土地资源资产负债表的试编

张掖市 2012 年与 2017 年的土地资源资产分别为 3457.88 亿元和 5157.18 亿元，其间增长 49.14%，表明张掖市的土地利用及其政策是积极稳妥的，土地利用结构变化发挥了正向驱动作用，实现了土地资源的增值。其中，增速最快的首先是土地资源社会价值，增加值 152.77 亿元，增幅 98.85%；其次是土地资源经济价值，增加值 1388.31 亿元，增幅 52.76%；最后是土地资源服务价值，增加值为 158.22 亿元，增幅为 23.55%。与此同时，对应的负债分别达到 15.93 亿元和 27.13 亿元，增长 70.31%，表明张掖市对于在土地资源利用过程中所造成的各类环境损害问题已经加大重视，且治理规模开始逐步扩大与提升。但是，相对于庞大的土地资源资产规模，张掖市对于土地资源治理的投入，即负债存量却仍显不足。

四、未来土地资源资产负债状况的预估

根据笔者研究估算，按照 2015 年不变价格计算，2030 年张掖市土地资源资产规模可达到 5728.96 亿元，负债规模 29.91 亿元，净资产规模将达到

5699.05 亿元。相较 2017 年，增幅分别为 11.09%、10.25% 和 11.09%。未来，张掖市大部分地类的预估都在合理范围内，土地利用规划基本合理，但是以耕地、园地等为主的农业发展空间规划规模须进行相应调整。按照预测，若要使张掖市绿洲保持在亚稳定状态之上，则绿洲灌溉面积必须控制在486628 公顷，即农业生产空间最高为 12.60%；若气候及出山径流为最理想条件，此规模也只能达到 13.59%，即 524742 公顷，远低于规划中农业生产空间不超过 17.8%（686942.22 公顷）这一规模。规划中所给出的农业发展空间比例，实际上是严重超出绿洲稳定负荷的，建议在规划中根据上述预估结果对农业发展空间规划比例进行调整。

目　录

第1章 绪 论

1.1 研究背景与意义

1.1.1 研究背景

改革开放以来,我国经济社会的高速发展取得了举世瞩目的巨大成就,进入 21 世纪后,科技发展更是日新月异。然而,接踵而至的便是各类自然资源的日渐枯竭与紧张、社会环境的污染与破坏、生态系统的退化等一系列问题,甚至已经严重制约了我国经济、社会的可持续发展。科学地协调与处理好经济社会发展、资源合理配置及其与生态文明建设之间的关系,加快美丽中国建设与社会经济高质量发展,实现中国梦,已成为全社会共同关注的话题。

2019 年 3 月,联合国大会发布了题为《2021 – 2030 年联合国生态系统恢复十年》的决议公告,力求为恢复退化和破坏的生态系统积极发声,呼吁世界各国进一步探讨和出台应对包括气候变化、水资源保护、粮食安全以及生物多样性等各类危机在内的措施。大会各参与方在应对气候变化、保护生物多样性、防治荒漠化、防治土地退化、恢复湿地、可持续管理森林、保护海洋生态等方面开展生态系统恢复工作达成了一些共识(丁洪美,2019)。根据千年生态系统评估综合报告(赵士洞等,2007),生物多样性和生态系统服务政府间科学—政策平台(以下简称"IPBES")全球评估报告(侯焱臻等,2019),以及张军泽等(2019)对于地球界限概念框架及其研究的进展,九种关键的地球系统过程已经超过了地球极限。

洛克斯特姆等(Rockström et al., 2009)在 2009 年对包括气候变化、海洋酸化、氮磷循环、平流层臭氧消耗、全球淡水使用、土地利用变化、生物多样性损失、大气气溶胶负载以及化学污染在内的 9 种关键地球系统过程要素开展了评估，其研究结果显示，气候变化、生物多样性损失以及氮循环均已超过了地球承载界限，如图 1.1（a）所示。

2015 年，斯特芬等（Steffen et al.，2015）在《科学》（Science）上进一步研究更新了地球界限的相关结果，与洛克斯特姆等在 2009 年的结果相比较，除了氮循环、基因多样性依旧处于高风险区之外，磷循环以及土地利用变化也进入了高风险区域，如图 1.1（b）所示。

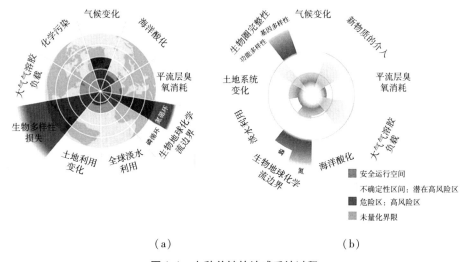

（a）　　　　　　　　　　（b）

图 1.1　九种关键的地球系统过程

资料来源：Rockström Johan, Steffen Will, Noone Kevin, et al. A Safe Operating Space for Humanity [J]. Nature, 2009, 461：472 – 475.

Steffen Will, Richardson Katherine, Rockström Jahan, et al. Planetary Boundaries：Guiding Human Development on A Changing Planet [J]. Science, 2015, 347.

上述评估表明，土地利用变化对整个生态系统变化起着至关重要的作用。可以说，土地利用及多样化是导致生物地球化学循环、水文过程和景观动态过程变化的一个关键性因素。土地利用的变化直接影响到生态系统的特性、状态以及其功能，进一步对生态系统服务产生深刻影响。因而，土地资源的利用及其与生态系统的关系研究，是生态系统评估的核心之一。

同时，作为人类开展各类社会活动的载体，土地是非常重要的资源和资产，在人口、环境、资源和经济发展关系中发挥着至关重要的作用（毕宝德等，2001）。土地资源为人类无偿提供了资源和环境基础，进而满足了人类对于物质财富的追求，伴随着人类对于物质文化需要的进一步增长，势必会进一步加大对土地资源的开发与利用强度，最终，必将出现土地资源浪费、土地退化和土地污染等一系列土地资源及其环境问题。《我们共同的未来》的报告中指出：可持续发展是"既满足当代人的需要，又不对后代人满足其需要的能力构成危害的发展"（Last，1987，Simon & David，1987）。土地资源也有其独特的生态系统平衡，如果遭到破坏，随之而来的便是盐碱化、水土流失以及沙漠化等一系列严重的土地退化问题，同时将显著降低土地的生产能力。所以，在一定阈值范围内，土地资源是具备可再生能力的，当超过这一约束范围时，土地资源的再生能力便会遭到彻底破坏，其性质与价值便需要重新展开认定与评估。

新的历史时期，国家对于土地资源的应用与管理赋予了新的历史内涵。2013 年 11 月，党的十八届三中全会通过的《关于全面深化改革若干重大问题的决定》中首次提出探索编制自然资源资产负债表。[①] 自此，我国便陆续开始了自然资源资产化的设计与研究，并把自然资产负债纳入国民经济整体核算体系，旨在某个区域一定时期内衡量经济发展时，不再唯 GDP 论英雄（杨美利，2018），同时还要衡量此时期自然资本的增减量，并以此作为考核领导干部政绩的标准之一，这也是中共中央、国务院在新的历史时期在加强生态文明体制机制建设方面作出的一项重大战略决策部署，是健全我国资源的集约节约利用、建设美丽中国的根本所在（封志明等，2014）。《中共中央 国务院关于加快推进生态文明建设的意见》在 2015 年 4 月正式发布，其中明确提出"充分认识加快推进生态文明建设的极端重要性和紧迫性，切实增强责任感和使命感，牢固树立尊重自然、顺应自然、保护自然的理念，坚持绿水青山就是金山银山"，并进一步强调把制度建设作为推进国家生态文明建设的政治基础与保障，环境质量"只能更好，不能变坏""大幅增加考核权重，强化指标

---

① 习近平. 关于《中共中央关于全面深化改革若干重大问题的决定》的说明 [J]. 学理论，2014（1）：11 – 15.

约束，不唯经济增长论英雄"。① 2015 年 9 月 22 日印发的《生态文明体制改革总体方案》表示，需要进一步在政府绩效考核中完善相关的绩效考评以及责任追究制度，开展自然资源资产负债表编制的进一步探索；并通过积极编制自然资源资产负债表指南，明确各类自然资源的相关分类标准以及统计规范，建立我国自然资源实物量的核算账户，为定期开展自然资源的资产变化评估打好基础（娄伟，2016），逐步实现党政机关领导干部对自然资源保护的行政态度从轻视到重视，从被动重视到主动重视的转换。2015 年 11 月，国务院办公厅印发了《编制自然资源资产负债表试点方案》等文件，同时确立了内蒙古呼伦贝尔、湖南娄底、浙江湖州、陕西延安、贵州赤水 5 个城市为编制工作的试点，标志着我国正式开启了自然资源资产负债表实物量的试点编制工作（周宏春，2016）。与此同时，全国各地区、各部门也开始积极开展编制各自的自然资源资产负债表的研究和探索工作。综上所述，自然资源资产负债表是时代发展到一定阶段的必然选择，也是我国政府为保障自然资源有效管理、促进环境可持续发展的创新选择。

基于国际国内科学研究进展及时政逻辑的大背景，尤其是在自然资源资产负债表重大制度创新的启示下，开展包括土地资源在内的各类资源资产负债表的编制和探索研究，必将成为引导人类与自然和谐共处，实现区域可持续发展的重要基础和依据之一。同时，在本书中，基于资产负债表开展未来预估，更是给未来土地资源的合理利用以及相关规划和政策的制定指明了方向。

"一带一路"东联活跃的东亚经济圈，西至发达的欧洲经济圈，贯穿亚欧非三大陆，是我国在 21 世纪最为重要的对外合作窗口和平台。而生态环境脆弱的西北干旱半干旱区张掖绿洲恰好位于"陆上丝绸之路经济带"的承东启西地段，也是连接中亚干旱区的桥头堡，经济社会发展与生态环境建设既关乎"一带一路"的发展进程，又具有示范与样板作用。张掖市绿洲是西北干旱半干旱地区内陆河流域水资源支撑下的绿洲生态经济发展样板。绿洲的存在与繁衍，是西北干旱区维持区域自然生态系统与生态服务功能、保障区域

---

① 中共中央 国务院关于加快推进生态文明建设的意见［EB/OL］. 中国政府网，Http：//www. gov. cn/zhengce/202203/content_3635178. htm，2015 – 04 – 05.

经济社会可持续发展的关键，而水资源的合理配置、土地资源的合理规划与利用，是绿洲经济可持续发展的核心。

张掖市历史文化悠久，地处河西走廊黄金地带，自古便有"金张掖"的美誉，是黑河流域中游地区社会经济发展水平最高和水资源、土地资源利用最具影响力的区域，也是国家"两屏三带"的关键区域。近年来，区域人口数量不断膨胀，工业化、城市化进程不断推进，随之而来的对于水资源的压力，产生了包括土地沙化、水土流失、土地污染、优质土地和湿地锐减以及盐碱化等在内的土地退化问题，直接或间接地致使区域的林地功能退化、土地生产能力降低、生物多样性锐减等土地生态问题。

因此，本书选取位于"一带一路"核心地段的张掖市为研究地区，以土地资源为研究对象，通过核算该地区土地资源资产的实物量与价值量，编制土地资源资产负债表，摸清这一丝绸之路经济带核心区域的土地资源"家底"，识别区域土地利用存在的问题，并提出相关对策建议，促进典型内陆河流域区域绿色可持续发展，实现由绿水青山向金山银山转变。同时，基于未来情景，对于未来十年的区域土地资源资产负债情况给予了模拟和预估，这对于地方政府有效识别区域土地未来利用可能遇到的各类问题，并积极出台未来相应的发展政策，实现区域土地资源未来的可持续利用与发展，打造我国丝绸之路经济带河西绿色通道作出了相应的贡献。

1.1.2 研究意义

本书以土地资源为研究对象，在西北典型内陆河流域中游区域张掖市开展土地资源资产负债表的核算与编制工作，具有现实的理论和实际意义。

第一，张掖市地处丝绸之路经济带的河西走廊地带，是我国西北粮食主产区之一，同时也是国家"两屏三带"的关键区域，处在"粮食安全还是生态安全"的矛盾集中点上。基于此，本书选取张掖市为典型研究地区，开展土地资源资产负债核算与负债表的编制，将为我国乃至国际干旱内陆河流域地区在土地资源资产负债核算流程、体系、方法，以及相应的指标参数拟定、统计数据库的采集与建立等方面提供一套范例。

第二，首次尝试基于未来气候变化和相关土地规划利用情景，开展土地资源资产负债状况的未来预估。通过未来情境下研究区域的土地资源资产负债核算及相关表格试编，进一步开展研究区域未来土地资源利用变化状况的判断，提出促进研究区域未来土地资源、环境、生态协调可持续发展目标实现，能够采用的各类政策和制度建议。

第三，积极借鉴联合国综合环境经济核算体系（system of integrated environmental and economic accounting，SEEA）2012 年版本，选择黑河中游的张掖市为研究区，利用土地资源相关的资产负债评价及其研究方法，构建符合研究区实际的土地资源资产负债账户评价及报表编制体系，最终形成的土地资源资产负债表的净资产项和负债项，切实地反映出研究期间土地资源资产及负债价值的变化，显示了研究期间包括土地资源资产环境损害、资源消耗在内的实际数据情况。为现阶段以及未来一段时期内，政府相关部门开展离任审计、政府绩效评价以及未来新一轮资源管理政策设计、规划布局等方面提供科学参考。

1.2　国内外研究进展

1.2.1　综合环境经济核算研究的演进

20 世纪 70 年代，资源环境核算开始在部分发达国家和国际组织中兴起，并开始了一些有益的研究和探索。20 世纪 80 年代左右，联合国组织专家围绕资源环境的相关统计方法、模式等方面开展了研究，并于 1984 年发布了《环境统计资料编制纲要》（Stahmer，1997）。此后，联合国统计署与规划署共同努力，组织包括世界银行、经济合作与发展组织在内的国际组织，以及美国、澳大利亚等发达国家在内的团队对综合环境核算体系开展了长期且深入的研究，称为环境经济综合核算体系（Constantino et al.，2004）。并于 1993 年发布了《综合环境与经济核算手册（临时版本）》，简称 SEEA1993，这便是本书后续开展环境经济核算的雏形框架，在此手册中，对开展环境经济核算的各类基本概念及其相关基础都进行了规范和确定（吴优，2004）。此后，联合国陆续在 2000 年和 2003 年对综合经济核算版本进行了升级和更新，并形成了《综合环境与经济核算手册（SEEA）2000》《综合环境与经济核算手册（SEEA）2003》，2000 年的版本优点在于明晰了核算实施步骤（Division，2000），2003 年的版本则更加侧重对于方法的指导（Constantino et al.，2004）。2004 年 9 月起，环境经济核算委员会成为联合国的一个部门，专门指导和推动各国环境经济核算工作。2012 年 5 月，该委员会正式颁布了 SEEA2012 中心框架，即《2012 年环境经济核算体系中心框架》，现今已被公认为国际统计环境经济核算中的第一个标准（Bartelmus，2014）。

在国内，1984 年，国家环保局和美国东西方中心共同联合举办了"国际环境费用效益分析研讨会"，中国对于环境经济核算迈出了历史性的一步，对于环境经济的核算自此在我国起步与开展。2004 年，国家环境保护总局环境规划院（原中国环境规划院）作为原国家环境保护总局最为关键的环境经济核算技术支持部门，联合原国家环境保护总局政策研究中心、清华大学、中国人民大学以及中国环境监测总站等多家单位，开展了绿色国民经济核算的相关研究工作（王金南等，2007）。2003 年，国家统计局发布了《中国国民经济核算体系（2002）》（刘慧平，2003），这一核算体系在密切结合中国实际的同时，进一步与国际规范接轨，是我国第一部开展国民经济核算工作的规范性指南文本。2004 年，国家统计局与林业局对我国森林资源核算及其纳入绿色 GDP 工作开展了联合研究，初步构造了中国基于森林资源的绿色国民经济核算框架（蒋立和张志涛，2017）。2013 年 5 月，新一轮"中国森林资源核算及绿色经济评价体系研究"项目启动。相较之前研究，该研究积极利用林木、林地、森林三类资源的生态服务功能价值核算方法，并拓展了绿色经济评价体系、社会文化价值核算两项全新内容，进一步推动了对生态服务功能评估、森林资源价值核算等问题的研究。同时，作为资源环境核算的重要组成部分，森林资源的核算促进了我国环境经济核算的深入开展（潘勇军，2013）。此外，水利部联合国家统计局 2009 年实施的"中国水资源环境经济核算（SEEAW）"研究也取得了丰硕成果（韩淑丽，2016）。该项目旨在编制水资源核算的技术细则，建立中国水资源核算的框架体系，为尽快建立既与国际接轨又适合我国国情的水资源核算提供相关资源治理的基础。在此项研究中，研究者们把不同来源的资源信息，融入一个共同的概念、定义与分类综合系统，开展详尽分析，使形成的数据系统更为有效和协调，且能全方位地反映出相关水利水务核算单位间财务收支、固定资产形成、投融资关系等要素，并为水资源的构成成本及其分析提供全面信息。

为响应党的十八大、党的十八届三中全会提出的"用制度保护环境"号召，以及实现"探索编制自然资源资产负债表，对领导干部实行自然资源资产离任审计"[①] 等目标，环境保护部又在 2015 年初启动了"绿色 GDP 2.0"研究版本，该研究打造出一套全新的、致力于生态系统生产总值以及环境容量资产一体化的研究核算体系，能全面地反映出环境和资源为经济社会发展所提供的生态效益以及付出的各类详尽的环境代价。此项研究的启动，标志着我国新一轮的资源环境经济核算热潮已经展开（黄雨生，2016）。

1.2.2　自然资源资产负债核算

"自然资源资产负债表"在党的十八届三中全会上正式提出后，国内学者便开始积极地从微观、宏观、方法论、理论体系以及实践研究等层面与视角展开了研究。同时在借鉴会计学基本原则与核心理念的基础上，基于统计学、会计学的工具、方法，开展各类自然资源资产负债表的编制，分门别类、积极深入地对国家、企业以及自然资源等类型资产负债表相关的各类核算内容、基本概念等方面异同开展了全面的比较分析，并与率先开展过自然资源负债表编制的国家及地区的相关经验对接。从价值核算方法研究上看，从 20 世纪 90 年代以来，就有学者（李金昌，1993）陆续对各类自然资源价值形成与估算的基础理论及与之相关的估价方法展开了深入探讨（杨缅昆，2006；吴新民和潘根兴，2003）。在上述基础上，对自然资源资产负债表的概念及其核算的框架、编制原则、方法等内容开展了各种建设性的研究与探讨（石薇，2018），大致表现在以下三个方面。

从方法论层面看，国内学者主要是基于会计学的基础理论，对自然资源

---

① 习近平. 关于《中共中央关于全面深化改革若干重大问题的决定》的说明 ［J］. 学理论，2014（1）：11－15.

资产负债表相关联的诸多核心要素开展了重点确认以及计量的相关讨论。首先，为了进一步提高自然资源资产负债表在现实生活与科研活动中的可操作性，高志辉（2015）对自然资源资产负债表所涵盖的诸类要素利用现金流动制开展计量，从而放弃了传统上以收付实现制、权责发生制作为基础的财务报表编制传统；其次，对于自然资源资产、负债、净资产内涵的探讨，乔晓楠（2015）则分别尝试从资源和环境会计两个视角开展研究，并考虑了在基期、跨期这两个时间维度上的平衡关系；最后，黄溶冰和赵谦（2015b）、耿建新和王晓琪（2014）选择了离任审计视角，重点从自然资源资产负债表的功能特征及其相关应用方法等层面展开详细探讨。

从理论体系层面来看，领域内的学者们则主要围绕自然资源资产负债表编制进行了广泛的研究和深入的探讨，不仅注重积极吸收国内外自然资源相关的核算经验，同时更加务实地关注国情与国内资源的现实，开展自然资源资产负债表"中国化"过程中的编制启示研究，同时也对自然资源资产负债表编制过程中的重点与难点展开阐述，积极地提出适用于中国实际的自然资源资产负债表编制的基本概念内涵、核算对象范围、框架体系设想及其编制路径等。具体来说，主要有：第一，积极地利用资产负债表这一普适性核算工具开展核算，构建出适合我国国情的自然资源资产负债表的框架体系（胡文龙和史丹，2015）；第二，着力从产权制度入手，积极开展自然资源资产负债核算及编制的各类制度及其基础研究，结果表明，我国现行各类制度的不完善，实际上对现在开展自然资源资产负债核算及表格的编制产生了制约甚至消极影响（杨海龙等，2015）；第三，分别从自然资源资产、自然资源负债两个方面开展了细致深入的探讨（向书坚和郑瑞坤，2015，2016），并力图将自然资源的实体资产及其使用权益两个关联概念进行分割，同时在开采自然资源这一权益概念的基础上，对于自然资源负债进行重新界定，并构建出一套适用于自然资源核算工作的三层架构体系，设计出一套可实操应用的自然资源资产负债表（高敏雪，2016）。此外，研究者还从 SNA 和 SEEA 的基础概念出发，在参考 SNA2008、借鉴 SEEA2012 以及国家资产负债表等已有经验的前提和基础上，分别设计与构建出开展自然资源资产负债核算的描述型表以及分析型一般表，各自提出自然资源资产负债表编制的理论框架体系（王泽霞和江乾坤，2014；陈艳利等，2015），并对我国自然资源资产负债表开展编制的核心理论、基础概念、一般表式结构以及需要关注和注意的问题范畴等进行了广泛探讨（李金华，2016）。

从实践层面来看，现有研究主要集中在包括水资源、土地资源、森林资源、矿产资源等对象的各类自然资源的核算层面。主要包括：第一，较为全面和系统地对当前水资源资产负债表研究的现实意义与背景展开了详细阐述（贾玲等，2017），细致地对当前国内外相关实践与研究现状进行了总结归纳，分析了开展水资源资产负债表编制的统计学、会计学核算方法与思路等（甘泓等，2014；贾玲等，2017）；第二，从生态系统以及环境的质量、环境的容量三方面构建核算系统，积极利用实物量结合价值量的计量模式与核算方法，构建出基于生态环境资产负债表的核算体系（蒋洪强等，2014）；第三，围绕土地资源这一实物型自然资源主题，积极探讨并展土地资源核算的设计体系，并在浙江湖州开展实践研究，在实践研究的基础上，探讨土地资源资产负债表编制现存的各类关键性难点以及未来可能的发展方向（薛智超等，2015a）；第四，围绕矿产资源，探索性地研发开展矿产资源资产负债表编制的雏形技术框架与体系（季曦和刘洋轩，2016）；第五，围绕京津冀地区的林木资源，探讨自然资源资产负债表研究方法，并设计林木资源资产负债表，为下一步的编制奠定了理论基础（朱婷等，2017）；第六，自然资源资产负债表的编制需要得到各类大量基础数据的支撑，江东等（2017）积极地提出：需要进一步加大力度整合现存及历史各类资源环境基础数据库，并建立新数据库，确保能更好地调用自然资源各类基础数据，辅助资产负债表的顺利编制。2017年左右，"承德模式"（杨艳昭等，2018）和"湖州模式"（闫慧敏等，2017）两个自然资源资产负债表编制的实践研究，标志着我国自然资源资产负债表的地方应用研究轰轰烈烈地展开了。

1.2.3　土地资源资产负债核算

土地资源环境经济核算（SEEAL）来源于综合环境经济核算体系，为综合环境经济核算体系的子账户之一。该体系将土地资源和经济信息协调在一个一致的框架体系之下，涵盖土地资源存量、土地资源使用效率等多项指标，通过实物账户、价值量账户、土地质量账户等一系列账户，分析土地资源管理活动的功能，核算土地资源对于经济贡献、经济发展引发的土地资源耗减以及环境退化等问题，进一步指导土地资源管理和土地管理政策的制定。

1. 国外研究与实践

现阶段，国际上主流的资源环境价值核算体系与方法是前文所述的 SEEA 1993/2000/2003/2012 四个版本，以及依托欧盟统计局所形成的欧洲环境经济信息收集体系（SEIUEE）。作为国际上首个完成所有资源包括森林、水以及土地等核算的国家，挪威推出了关于挪威自然资源核算的方法体系（Alfsen & Greaker，2007；Gerlagh et al.，2002）。荷兰则实现了包括能源、森林以及土地等资源在内的相关核算（徐渤海，2012），墨西哥则针对森林、土壤、水、土地以及石油等资源从实物量、价值量两方面展开了核算（Burritt & Saka，2006）。与此同时，日本、澳大利亚、美国、印度、菲律宾、博茨瓦纳以及印度尼西亚等国也通过大量的研究在土地资源核算方面取得了一定的成果（Edens & Graveland，2014；Hambira，2007）。

在土地资源资产负债核算过程中，实物量与价值量核算是其关键所在。实物量的核算，通常通过传统的清查法或者人工勘测（踏查）法等进行统计，并开展计量。价值量的核算，从相关国际研究的情况来看，主要强调的是价值量中生态价值的核算。1998 年，戴利（Daily，1998）围绕土地资源生态系统的相关服务功能展开了详细的研究，同时根据其研究结果，将土地资源生态系统划分出了 15 个服务功能类别；而科斯坦萨等（Costanza et al.，1997）则是从为人类生存发展创造基础条件这一视角，以全球现存的 16 种生态系统类型为依据，进一步将此类服务功能划分成了 17 项。同时，波特拉和瑞德马哈（Portela & Rademacher，2001）在巴西亚马孙河流域从价值量角度对农用地、草地这 2 种类型生态系统的现状展开了核算；孔托吉安尼等（Kontogianni et al.，2001）围绕湿地对于地下水资源的供给功能以及保护功能，针对其间接价值展开了探究；德格鲁特等（De Groot et al.，2002）则基于对现有生态服务价值的研究及其结果的归纳与分析，设计出相应的评估体系，进而区分出 4 种相应的功能。

根据上述文献可知，国际上目前针对土地资源开展全面价值核算的系统性研究相对较少，针对土地资源的生态服务价值的研究较多，同时目前仍缺乏统一、一致性的开展土地资源价值核算的方法体系，与此同时，也未能实现时间序列上的动态核算，进而不能对土地资源实时、及时的变动价值，进行实时、动态评估与跟踪。

2. 国内研究与实践

党的十八届三中全会以后，国内学术界便着手在自然资源资产负债表的编制上开展了许多探索性的研究，并形成了丰富的理论研究实践和自然资源实地实践的成果。首先学者们对于土地资源资产负债表的研究过程中所涉及的地类即土地资源的种类，进行了分门别类的划分，也对土地资源所蕴藏的各类经济、社会、生态等功能价值开展了分项研究，并对各类可能的土地资源资产负债表关联的体系、框架开展了细化研究。

（1）土地资源资产—负债研究的统计分类基础。无论出于何种核算基础，首先要核算的就是土地资源资产实物量。《土地利用现状分类》于 2007 年正式发布，该分类正式将土地利用现状的分类标准进行了统一，并为 2009 年全国土地第二次调查打好了理论基础，并摸清了全国各地土地资源的家底，为土地资源资产实物量核算提供了良好的调查基础和数据支撑（门计林等，2019）。《土地利用现状分类》（GB/T 21010–2017）是原国土资源部组织修订后，出台的关于土地划分的国家标准。在此标准中，共划分出了一级地类 12 种，二级地类 72 种。其中一级地类包含：耕地、园地、林地、草地、水利及水域设施用地、住宅用地、公共服务与管理用地、交通运输用地、特殊用地、工矿储备用地、商服用地、其他用地等，国家在土地资源的登记、管理、统计等数据信息化的环节，以及开展供应、审批、规划、评价、执法等行政执法调查的过程中能进行统一的管理和应用（吕媛琦，2019）。为了研究的方便，诸多研究者也分别从自己的视角开展了研究和分析，根据土地不同权属、覆盖物等开展了更为具体的分类。例如：一是把荒地分类成包括未利用地、废弃地和荒野地在内的三种荒地类型，且将荒地的概念进行了重新定义（宫丽彦等，2015）；二是也有学者从 SEEA2012、SNA2008 出发，并在综合了政府的债务偿还能力与土地资源类型、发展权、所有权等之间的联系后，积极提出应考虑土地利用类型为风景名胜用地、政府机关用地、国企商服用地三种地类的土地资源应当考虑作为政府的资产开展相关核算（向书坚和朱贺，2017）；三是对于湿地，则明确指出浅水及其附属土地应当囊括到湿地生态系统的组成中去，更全面地拓展了湿地的理解界限（张卫民和王会，2017）；等等。

（2）土地资源资产负债的会计学基础。在 SEEA2012 中心框架中，"环境—经济账户"这一国际化的统计标准首次被推出。实际上，"环境—经济综合核算"反映的是研究区间某个时间段内的流量，最终能体现出经过资源损耗、环境退化量化调整后的 GDP 核算。一种主要侧重对于"数据指标"的相关统计，并不强调"负债"（洪燕云等，2014）；另一种则侧重于会计学方法中的"资产 = 负债 + 所有者权益"等式，开展相关指标关系的核算，而此种测算，则更为强调"负债"的确认以及核算（高敏雪，2016）。和上述同样的两种思路，同样存在于土地资源资产负债表的核算及编制研究中。假如考虑统计学核算的研究逻辑，则需要考虑 SEEA2012 中的逻辑框架，即采用"期初数 + 本期增加数 = 本期减少数 + 期末数"的四柱平衡方法。同时，遵循统计学原理，采用"资产来源 = 资产使用"的关系平衡式，来对土地资源资产平衡表所表示的内容进行描述，即"土地来源 = 土地使用"（耿建新等，2015）。若遵循会计学的核算理论基础，则采用"自然资源净资产 + 自然资源负债 = 自然资源资产"的关系等式，这里主要延伸了企业资产负债表平衡关系的逻辑。同时，在土地资源核算过程中，按"资产 – 负债 = 净资产"的会计学恒等式作为土地资源净资产和资产、负债之间平衡关系的描述逻辑（韩德军，2015）。

目前的研究中，比较实用的是自然资源资产负债表编制三步法。第一步，依照"本期减少量 + 期末存量 = 期初存量 + 本期增加量"的相关原理开展计算，主要注重资源存量数量变化的核算；第二步，开展由不当管理或人类活动导致的自然资源资产功能下降价值核算，主要包括资源耗减和环境退化在内的资产质量的价值变化；第三步，依照"负债 + 所有者权益 = 资产"这一恒等式，开展自然资源资产负债表的编制工作，可以将某一时点自然资源的资产负债状况予以体现。就土地资源核算而言，事实上也需要按照以上思路，先统计—核算土地资源的资产实物量，再计算价值量，最后才到负债价值量的核算（黄溶冰和赵谦，2015a）。

总体上看，在我国，学界的学者们以 SNA2008 和 SEEA2012 框架为蓝本和基础，围绕自然资产负债表的编制展开了探究，并已经形成了一致的看法：即自然资产负债表应包含资产、负债以及净资产三大项（肖序等，2015，胡文龙和史丹，2015）；同时，围绕其编制方法对国家资产负债表、自然资源平衡表以及账户展开分析，并基本形成了"先分后总""先实物后价值""先存量后流量"为标准的技术方法；并尽量积极地在开展核算的过程中，对于资产、负债及各类资产要素开展全方位的考虑，并对核算手段以及价值核算的组成要素开展深入研究（洪燕云等，2014）；黄溶冰和赵谦（2015a）提出，需要将存量及变动核算表、负债核算表、资产负债表相结合，共同作为自然资源资产负债表内容的组成部分；刘毅和张翠红（2017）则以宁夏永宁为例，通过调查问卷进行了详尽的调查，对数据的结果进行整合与分析，并指出除了要基于资产、负债、净资产三个方面对自然资源资产负债要素予以划分外，还要积极利用实物资产表以及综合价值表共同构成土地自然资源资产负债表。

（3）土地资源资产负债表的编制。在传统核算方法中，所强调的是土地资源资产在经济价值方面的核算，而韩德军（2015）则是利用相关价值核算模型或估价方法，分别从经济价值、社会价值及生态价值这三方面开展研究，并提出土地资源资产负债表核算及编制的有效形式；同时有学者就核算的原则、假设条件以及对象开展了研究，并依据结果对编制表框架结构设计开展了讨论（姚霖和余振国，2016）。

从 2014 年开始，国内开始逐步出现了各个地区的土地资源资产负债表。薛智超等（2015b）从流量、存量等方面对湖州市的土地资源开展了详细的核算，并核算出 2010～2013 年的耕地、园地、林地、草地、水域这几种地类的实物量，在此基础上，通过直接市场法完成了相关地类价值量的核算。同时也有学者通过假想市场法、替代市场法以及直接市场价值法等方法对长沙市土地资源的实物及价值量两类账户开展了全面核算（杨关道，2016）；贵州省也针对其水资源、土地资源以及森林资源等自然资源，成功进行了基于资产负债表理论、框架结构和价值评价等方面的研究项目（柏连玉，2015）。而2016 年 4 月正式形成的承德市自然资源资产负债表，则是截至目前编制相对全面的土地资源资产负债表典型案例，其主要包括了辅助表、扩展表、分类表以及总表等大小表类内容，并最终核算出了土地资源资产价值总量（潘韬等，2019）。总而言之，针对土地资源单项资产负债表的核算与编制的相关研究相对较少，正处在编制的起步阶段。现有的研究中，偏向框架及结构构建的研究较多，同时考量的核算方式主要是围绕资产在实物量、价值量两个方面，而对于资源负债情况研究则需要进一步提高重视。

（4）土地资源价值确认方法及功能作用。自关于挪威的自然资源核算、分析以及折旧问题等文献的中文版本相继进入我国后，资源核算问题开始逐步进入国内学者的视野，在国家统计局于 2003 年撰写的《全国自然资源实物量表》报告中明确指出，要将土地资源这一资源要素纳入现有的核算体系之中。此后，便有学者依据假想、替代、直接的三种市场法等，基于SEEA 中所给出的土地资源账户及其框架，开始对土地资源开展了具体的价值化计量，分别核算了 1996～2002 年的土地资源情况。针对耕地资源价值的核算，黄贤金（1999）依赖实物倍数法、净产值还原法两种方法，在江苏省开展了该省耕地资源价值的测算研究。诸培新等（2011）则对南京地区的耕地价值开展了研究分析，并得到了具体的估算数值。此外，曹志宏等（2009）还基于耕地资源的经济功能、生态功能以及社会功能，分析研究了我国黄淮地区耕地的三个功能层次的价值。张效军等（2018）在研究后，指出耕地的具体价值组成部分包括经济价值、社会价值、生态价值以及商品价值。与此同时，社会价值又由耕地资源自身的粮食安全、就业保障以及发展价值三个部分组成。经过核算，其确认的耕地资源的估算价值为 112.68 万元/每平方千米。以《中国土地资源公报》确认的耕地实物量为基础，胡蓉等（2013）对我国耕地资源利用收益还原法开展了经济价值的估算工作，并基于耕地资源客观赋予的发展、社会稳定、就业保障三个价值维度，对耕地资源所具备的各类社会价值予以客观的分析和估算，同时积极吸纳谢高地团队的研究成果，对耕地资源的生态价值给予了客观的评价与估算。

除此之外，韩德军（2015）积极利用《城镇土地估价规程》中对于基准地价的系数修正法，对在"城镇村及工矿用地"类型所涉及的"建制镇"以及"城市建成区"的土地利用类型进行了核算。结论认为，应积极利用修正后的"征地区片价"对集体土地开展核算，如果没有"征地区片价"，则可选择"征地统一年产值"作为替代。在对水工建筑用地、水库水面、风景名胜及特殊用地、交通设施用地等这几类用地类型进行核算时，可采用成本法（刘向敏，2018）。而针对土地资源生态价值的研究，国际上仍以前文中科斯坦萨等的核算方法作为蓝本，同时参考国内谢高地团队的研究成果（谢高地等，2005），积极修正价值系数，对包含农田、森林、草地、水体、湿地等在内的各类土地类型，考虑从调节气候、保护土壤、涵养水源、生物多样性保持、废物处理以及生产原材料—食物等多个层面开展核算（谢高地等，2015）。

（5）土地资源负债的确认。截至目前，针对土地资源负债这一概念，国内外研究人员仍没有统一的认知，缺乏统一的标准。而作为会计意义上的负债，其基于会计核算，且在"资产＝负债＋所有者权益（净资产）"这一等式中，可以反映出的仅是价值量。在土地资源资产核算的边界与范围确认不清晰的情况下，等式右边的土地资源的负债与净资产，确认起来也非常困难。

就自然资源负债来说，当前大致有三种观点：第一，生态环境损失与资源损耗（姚霖，2017a）；第二，资源过度开发的"量"、资源开发环境的代价及生态资源的耗损（王智飞和赫雁翔，2014）；第三，超出红线约束的资源过度消耗（薛智超等，2015b）。

从会计角度，若要明确土地资源负债，迫切需要从土地资源的数量和质量、管理及结构等方方面面开展对于负债的分析。第一，需要从负债数量的角度分析。依据会计核算中"权益＝资产、债权人权益＋所有者权益＝资产"逻辑，从全国土地资源总面积的角度来看，并不存在因为总量减少，进而出现的此类负债。第二，从质量负债的角度分析，土地资源质量的退化和下降，将其视为是负债。又可分为实物型负债、价值型负债。但是在不同用途类型的土地之间，无法比较土地资源质量的负债价值量。若按照传统的农用地、建设用地和未利用地三个大类划分，其各自间的质量评价标准不尽相同。同时，土地资源资产的价值量会因为土地用途管制而发生变化，仅仅开展价值量的核算作为标准也与实际不符。此外，作为土地资源的属性之一，土地的用途不同，其增值功能也不同。第三，是从结构、管理角度的负债分析。从理论来讲，不合理的土地利用结构，实际上也构成了一种负债。此处需要说明的是，不同时期，作为资产形式的土地资源，其范围与标准也是不同的，与之相对应的负债内涵也就不同。当前，城市化进程进一步加快，土地资源内涵的经济价值越发凸显，对于建设用地的强烈需求是一种历史性的必然。同时，受生态文明建设的历史要求，各类土地资源的生态价值在现阶段尤为凸显，对于能大量提供生态服务功能价值的土地资源需求也不断增加。另外，也需要了解，土地资源的负债在现实中是一种管理意义上的负债，主要通过土地资源管理中的政策，以及制度中的约束指标来体现（姚霖，2017b）。此外，这就让负债核算陷于难于核算的境地，尽管现有条件下，可以利用土地督察手段开展监督，且将存在的土地资源管理问题量化并纳入资产负债表公开披露，但是若作为负债开展核算，也不够科学与合理。

（6）土地资源资产负债与政府离任审计。从土地资源的政府离任审计或治理绩效功能来看，诸多学者提出了与自然资产负债相关的研究视角（黄梦，2018）。耿建新和王晓琪（2014）以澳大利亚作为参考对象，综合了联合国与欧盟的相关核算条文，在对我国的土地资源账户开展了围绕"数据计量方式、考核指标、账户及表格样式"的具体、细化的分析后，明确指出自然资源资产的研究能够更好地推动领导干部离任审计工作向纵深发展。崔亚飞和祁丹（2017）则将 SEEA2012 和《土地利用现状分类》综合起来开展了研究，同时从核算科目与价值量核算的角度，编制了土地资源资产负债表，并认为积极利用土地资源资产核算表对官员的政绩开展审计和考评，打破了政府的传统考核模式、突破了现有考评弊端，构建了一种新的考评模式和机制，为新时代官员、干部的政绩考核提供了有效范本，能够更好地促进政绩、经济、生态建设三者协调发展。张卫民和王会（2017）则从政府对于湿地的运营管理出发，构建出湿地资源资产负债表及其相关结构和基本框架，主要计量了湿地资源的数量、质量及其变动状态，并提出领导干部的离任审计应纳入湿地资源的综合评估和保护成效。黄溶冰和赵谦（2015b）在综合现有国际经验的基础上，探讨了基于我国国情的资源资产负债表应具备的功能定位、治理机理等问题，同时对领导干部离任审计与资源、资产负债表间的关系展开深入分析，从审计涉及的主题、目标、对象、报告、依据等视角，开展全面探讨，以期辅助未来的离任审计工作。

1.3　研究内容、拟解决的关键问题和创新点

1.3.1　研究内容

具体来说，本书的主要内容有以下几个方面：一是综合土地资源资产负债表编制的研究背景与意义，对国内外的已有研究开展了系统的梳理；二是详细梳理了研究区自然地理概况、社会经济概况；三是理清土地资源资产负债表与 SEEAL 的关系、土地资源资产负债表表式结构以及土地资源资产负债表框架体系；四是在开展研究区实物土地资源资产账户编制、实物土地资源负债账户编制的基础上，基于土地资源价值模型的研究，分别开展土地资源资产价值账户核算、土地资源负债价值账户核算，并分别形成土地资源实物资产—负债表格、土地资源价值量资产—负债表格，编制出土地资源资产负债总表；五是在未来气候变化及主体功能区规划情景下对研究区土地资源资产负债情况开展预估，同时对于未来的土地资源合理及可持续利用给出合理化的建议。

本书旨在构建出丝绸之路经济带核心区张掖市的一套相对完整的土地资源实物型、价值型账户，在已有表式结构设计研究的基础上，设计出一套可修正、可拓展的土地资源资产负债表表式结构和框架体系；揭示研究区土地资源资产以及负债情况，反映土地资源开发、利用以及退化、生态环境损害等状况，并基于未来的气候变化状况（主要考虑未来径流变化）及主体功能区规划，开展未来土地资源利用变化状况和资产负债状况预估，构建出未来可能的土地资源资产负债表，并对未来研究区域的土地资源利用乃至政策制定提供可参考的建议。

本书的具体技术路线如图 1.2 所示。

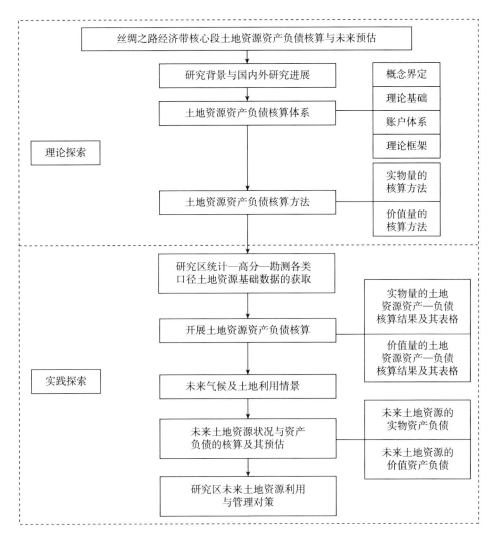

图 1.2　技术路线

资料来源：笔者根据研究思路绘制。

1.3.2　拟解决的关键问题

第一，当前国内对于土地资源资产负债的研究庞杂且不够深入，本书首先需要明确土地资源资产负债表编制过程中的土地资源资产、土地资源负债等概念，以及核算指标范围、土地资源资产负债表编制的思路和框架，概化出适合研究区的可实操的土地资源资产负债表的框架体系、基本表式和账户体系；同时，将不同地类的价值量核算方法，通过不同的计算方法协调到能统一对照计量的价值尺度上，为后续土地资源资产负债在研究期间的核算工作，做好充分的理论、方法及数据准备。

第二，积极利用区域绿洲化的历史数据，厘清研究区域土地资源开发与利用真正的驱动因素，为未来预估需要准备的数据资料打好基础。只有真正将驱动机制中的关键要素确定好，才能真正保证预估结果对于未来的参考价值，真正保证未来情景下的研究区域土地资源资产负债表的真实可靠性，综合反映出未来土地资源资产以及相关的生态、资源、环境的可持续利用状况，同时针对性提出的研究区域未来土地资源资产管理的政策与制度建议才能更加合理。

1.3.3 难点与创新点

本书研究的难点在于以下两个方面。

第一，土地资源资产价值量评价仍在探索阶段，土地资源资产负债表编制的主要难点在于：土地资源估价及价值核算体系与方法合理与否，直接影响到了土地资源资产负债表可靠与否，本书需要对涉及的所有地类的估价及价值核算方法予以甄选。同时，进一步探索反映负债科目的各类成本及其计量方法，也是本书的难点之一。

第二，在未来的预估中，在影响内陆河流域土地资源未来要素的斟酌、遴选和确定上，是否考虑全面，能否保证预估结果的客观性，这都是新的问题，需要谨慎对待。

本书研究的创新点在于以下两个方面。

第一，首次在西北内陆河流域的绿洲上尝试构建从实物账户到价值账户的土地资源资产负债的账户体系，并基于已有研究基础，拓展基于研究区的地价模型，开展土地资源资产负债的价值核算，为典型内陆河流域土地资源资产负债表的构建，开展基础性、探索性的研究。

第二，尝试性地开展土地资源资产负债的未来预估。在本书中，基于历史研究判断影响未来气候变化的关键要素，模拟未来研究区域土地资源利用可供利用的水资源量，同时基于未来土地利用相关规划，对各个地类的合理区间开展模拟预估，编制未来情景下的研究区域土地资源资产负债表，提出未来十年的土地资源可持续利用的合理对策。

第 2 章　研究区概况

2.1　自然地理概况

2.1.1　地理位置与行政区划

张掖市地处甘肃省西北部，位于河西走廊中段的核心部位。西邻嘉峪关、酒泉，东接武威、金昌，北和内蒙古毗邻，南部毗连青海省祁连山区。地处东经 97°20′~102°12′，北纬 37°28′~39°57′，东西跨度 4 度 52 分，全区东西长 210~465 千米，南北宽 30~148 千米，总面积为 40874 平方千米，占甘肃省总面积的 9.2%，囊括了 904 个行政村，93 个乡镇，6 个区县，分别是甘州区、民乐县、山丹县、高台县、临泽县和肃南裕固族自治县。辖区海拔高度最低为 1200 米，最高达到 5565 米。[①]

2.1.2　地形地貌特征

张掖市地处黑河中游流域，是我国地貌第二阶梯的中间地带，位于祁连山与北山间，属祁连山脉山前平原与断陷凹地的中心地带，下垫面为深厚的第四系沉积层，是良好的地下储水带。区域地势南北倾斜但平坦广阔，整体呈现西高东低—南高北低走势（沈媛媛，2006；赵静，2010）。

2.1.3　气候特征

张掖市深居大陆内部腹地，日照充足，太阳辐射强，昼夜温差较大，南

---

① 资料来源：《张掖市统计年鉴（2017）》。

部的祁连山区气候则属高寒半干旱带，其余各地市气候均属大陆性中温干旱带。气候特征主要表现为：降水量稀少，且地区分布不均，大风及风沙天数多，区域日照充足同时辐射强烈，昼夜温差较大（周胜明，2006；徐红霞等，2011）。冬季主要受高纬度西风带环流的影响与控制以及极地冷气团影响（赵良菊等，2011），夏季则受多种水汽来源影响（王可丽等，2003）。表现出春季气温回升快，夏季较短且炎热，秋季降温较快，冬季寒冷且长的特点（陈正华，2006）。

整个区域年平均气温 6~8℃，年日照时长可达 3000~4000 小时，适宜绿洲农业的发展；年降水量呈现由东向西递减趋势，年降水量由东部的 250 毫米减至西部区域的 50 毫米及以下，年蒸发量则呈现由东部的不足 2000 毫米向西部递增为 4000 毫米及以上（刘喆，2011）；多年平均降水量为 283 毫米，其中祁连山区在 400~500 毫米，南部沿山地区为 250~330 毫米，走廊及北山川区在 60~200 毫米；年内降水量分配不均，集中在 6~9 月，占年降水量的60%~85%。

2.1.4 水文特征

张掖市境内河流皆为内陆河，共计大小河流 26 条，径流多年平均量为24.6 亿立方米，黑河贯穿全境，是张掖市主要的水源供给。2017 年，张掖市可供人类活动使用的水资源量共计 26.5 亿立方米。其中，不重复计算的地下水净资源储量为 1.5 亿立方米，可供人类利用的地表水资源储量共计 24.75亿立方米。从趋势上看，水资源储量总量呈下降趋势；除去城镇地区水质的轻微污染外，张掖市的水资源质量整体较好。此外，所辖区域的祁连山区广布 380 条冰川，面积可达 110.27 平方千米，冰储量约为 2.4579 立方千米；冰川融水补给占各河流的比重可达 26.6%（汪桂生，2014）。

作为流域水源集中利用区，黑河中游的张掖市大力发展灌溉绿洲，大量消耗地表径流，地表径流量受人类活动影响显著。3~5 月，枯水期与中游春灌高峰相遇，地表径流主要用于中游绿洲灌溉，下泄水量减少，下游地表径流达到年内最低峰值；6~9 月，气温回升，径流量增加，中下游形成年内径流量最高峰值；10 月，降水量减少，冬灌用水增加，河道径流量呈现减少趋势；11 月河流逐渐封冻，径流量达到年度最低值；12 月至次年 3 月，农业用水需求量极少，中游用水及耗水量减少，地下水补给趋稳，河道径流也呈平稳趋势。

从图 2.1 可见，从 20 世纪 60 年代至 2013 年，黑河干流（莺落峡）的出山径流量多年平均径流量在 15.8 亿立方米左右波动（肖生春和肖洪浪，2003；程国栋，2009）。随着莺落峡至正义峡中间的绿洲耗水量不断攀升，明显呈现典型的"喇叭口"形态。50 年间，年径流量减少了 40% 左右（肖生春和肖洪浪，2003）。

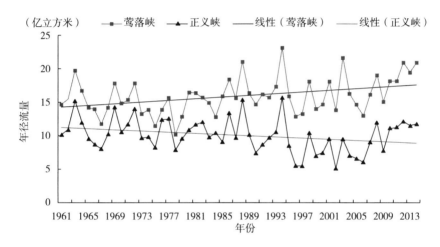

图 2.1　1961 ~ 2014 年黑河干流地表径流变化情况

资料来源：唐霞. 黑河流域人工绿洲时空演变特征及其驱动力［D］. 北京：中国科学院大学，2016.

以 2008 年为例，黑河干流中游的总耗水量为 35.7×108 立方米，耗水由大到小的地表类型分别是：农作物 19.3×108 立方米、裸地和戈壁 7.2×108 立方米、草地 6.0×108 立方米、稀疏植被 3.1×108 立方米。上述不同地表类型，对应的年蒸腾量分别是：8.8×108 立方米、0.02×108 立方米、2.2×108 立方米以及 0.4×108 立方米（田伟等，2012）。张掖市为主力的中游地区的耗水量逐年攀升，导致正义峡以下黑河干流成为季节交替性明显的季节性河流，地表径流已经在狼心山（下游站点）之前耗尽一半。

2.2 社会经济概况

黑河水—土资源是联结张掖市经济社会发展以及生态环境建设的关键环节与纽带。黑河流域是我国最为典型的内陆河流域之一。张掖市所处的中游地区是整个流域资源—环境—生态—经济链条中最为关键的一环，张掖地区任何水—土资源的迁移与变化，都能引起中游乃至整个流域系统生态环境的显著变化。因此，从张掖市入手，以水—土资源为切入点，开展黑河流域整个生态经济系统研究是环境经济协调问题可能的一个突破点，若该地区的人类活动、经济发展能与资源、环境、生态得到平衡和解决，整个黑河流域上中下游的生态经济系统可持续发展便有了坚实的后盾与保障（王录仓，2007）。

2.2.1 经济发展与产业结构特征

张掖市历史文化悠久，地域辽阔，地处河西走廊关键的黄金地带，自古便有"金张掖"的美誉，是黑河流域中游地区社会经济发展水平最高和水资源、土地资源利用最具影响力的区域。张掖市集中了整个黑河流域90%以上的人口和地区生产总值，以及95%的耕地资源（马忠等，2013）。

2017年，张掖市的GDP总值达到了404.14亿元，相比2016年，增长了约1.5%。[①] 其中，第一产业的总值达到101.16亿元，约增长了5.4%；第二产业总值达到97.45亿元，约下降了9.4%；第三产业的总值达到205.53亿元，约增长了6.6%。第一产业、第二产业、第三产业结构比例大致为25:24:51，同比第三产业增加值比重提高了3.9个百分点。

2.2.2 人口概况

2017年末，张掖市的常住人口达到122.93万人，和2016年同期相比，

---

① 资料来源：相关年份《张掖市国民经济和社会发展统计公报》。

约增加了 0.51 万人。[①]其中，乡村人口达到 66.68 万人，约占常住人口比例的 54.24%。城镇人口达到 56.25 万人，约占常住人口比例的 45.76%，与 2016 年末相比，提高了 1.83%。总体来看，区域内人口分布显示出极大的差异性，人口主要集中于中游的绿洲农业区，人口密度约在 100 人/平方千米，上游的祁连山区则约为 2 人/平方千米，人口稀少。该地区居住着汉族、回族、蒙古族、藏族、裕固族等 26 个民族。其中，在祁连山北麓的肃南县境内聚居着的裕固族，民族风情独特，是我国国内独有的少数民族之一，主要以畜牧业为主。

2.2.3　居民生活水平

2017 年，张掖市城镇居民的人均可支配收入达到了 23309 元，相较于 2016 年，增长了约 8.4%；城镇居民的人均消费支出达到了 20541 元/人，相较于 2016 年，增长了约 8.6%；利用食品消费与家庭消费比例计算的城镇居民家庭恩格尔系数达 30.32%，同比降低了约 0.34%。农村居民的人均可支配收入达到了 12612 元，相较于 2016 年，增长了约 8.3%；农村居民的消费支出约为 11281 元/人，相较于 2016 年，增长了约 8.7%；相应的恩格尔系数可达 34.02%，同比降低了约 0.8%（张掖市统计局，2017）。

2.3　土地资源概况

2017 年，张掖市土地总面积达到了 3859225.96 公顷。其中，耕地、园地、林地、草地、城镇村及工矿用地、交通运输用地、水域及水利设施用地、其他用地这八大类土地面积分别为 35.514 万公顷、0.72066 万公顷、42.10133 万公顷、210.828 万公顷、4.910667 万公顷、2.77066 万公顷、16.504 万公顷、72.57 万公顷。上述各类土地利用类型分别占张掖市土地利用总面积的 9.20%、0.19%、10.91%、54.63%、1.27%、0.72%、4.28%、18.80%，如图 2.2 所示。在上述各地类指标中，张掖市分布最为广阔的是草地资源，占到 54.63%，其次则是未利用地占到 18.80%，林地占到 10.91%，耕地和水域及水利设施用地则分别为 9.20% 和 4.28%[①]。

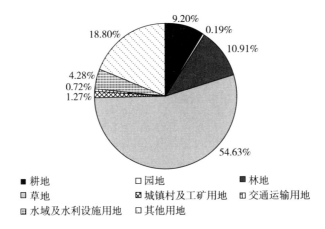

图 2.2   2017 年张掖市土地利用现状

资料来源：笔者根据研究区 2017 年实际数据绘制。

作为最具价值的土地资源之一的耕地资源，可整治的耕地仍有很大潜力。截至 2016 年，耕地资源自然质量等级为 1~4 等的数量为 56354.39 公顷，占耕地可整治总面积的 18.96%；5~8 等数量 99181.58 公顷，占到了可整治耕地总面积 33.37%；9~12 等 88222.84 公顷，占到了可整治耕地总面积的 29.69%；13 等以上约合 53430.63 公顷，占到了可整治耕地总面积的 17.98%。

与此同时，随着张掖市城镇化水平的提高，城镇的建设范围是逐年扩张的，征用了城镇周边大量的优质农地和耕地资源，导致城镇周边优质耕地资源面积减少。就涉农的耕地资源而言，张掖市的中低产田面积占比较多，且存在重用轻养导致的质量下降。尽管此区域未利用地比率较高，但其主要构成是裸岩石砾地、冰川、永久积雪等，开发难度较大，生态保护任务艰巨，致使耕地的后备资源严重不足（范宏斌等，2009）。

2.4   小   结

本章主要对于研究区域的自然地理概况，包括所在的地理位置、行政区

---

① 资料来源：相关年份《张掖市统计年鉴》。

划、地形地貌、气候、水文等进行了详细说明，并对于所在区域的经济社会情况进行了分析陈述，同时围绕与土地资源相关的土壤、水土流失以及自然区的保护状况进行了拓展了解，以便在研究过程中能对于研究区的自然、社会、经济以及本书中的土地资源情况有最基本的了解和掌握，为后续章节的进一步深入研究打好相关基础。

第3章 土地资源资产负债核算的理论框架体系

3.1 基本概念

尽管自然资源资产负债表概念在我国引进时间已相对较长，并得到相关学者和专家关注与研究，但关于自然资源资产负债表的编制研究，以及更为细化的土地资源资产负债表的编制实为一个崭新的领域，与其关联的各种资产、负债概念、报表体系等一系列基础理论尚处在探索阶段。因此，作为土地资源资产负债表编制研究的基础性工作，本书首先在已有研究的基础上，阐述与此相关的概念、理论基础以及内在联系，进而构建土地资源资产负债表编制研究的基础理论框架体系。

3.1.1 土地资源分类

土地是在地球陆地表面一定立体空间内由地形、地貌、土壤、气候、水文、生物及人类活动共同作用形成的一个自然综合体，是人类一切经济活动的必要场所和基础（陈效述，2001）。

土地资源是在社会发展的不同阶段能被人类所开发、利用与保护并实现其所潜在的各类价值的土地，其具有三重价值：经济价值、社会价值与生态价值（毕宝德等，2001；邱道持，2005）。

国际上，对于土地资源开展分类的标准和方式多种多样。其中，在国际上较为通用和流行的主要包括以下三种方式：第一，依据国家内部的行政区域区划展开划分，大多数采用了行政区域间的行政边界，进而确定行政主体范围；第二，依据具体使用用途开展土地资源的分类与划分；第三，依据土地地表的覆被类型展开划分。

在我国，根据现有《土地利用现状分类》（GB/T 21010 - 2017）中所规定的各类土地的利用类型、覆被特征、经营方式、使用用途等，采用一级、二级层次将我国的土地资源分成了 12 个一级类，73 个二级类，如表 3.1 所示。

表 3.1　　　　　　　　　　　　　　**土地利用现状分类**

土地分类		具体含义
1	耕地	指种植农作物的土地，包括熟地，新开发、复垦、整理地、休闲地（含轮歇地、轮作地）；以种植农作物（含蔬菜）为主，间有零星果树、桑树或其他树木的土地；平均每年能保证收获一季的已垦滩地和海涂。耕地中包括南方宽度小于 1.0 米，北方宽度小于 2.0 米，固定的沟、渠、路和地坎（块）；临时种植药材、草皮、花卉、苗木等的耕地，以及其他临时改变用途的耕地
1.1	水田	指用于种植水稻、莲藕等水生农作物的耕地，包括实行水生、旱生农作物轮种的耕地
1.2	水浇地	指有水源保证和灌溉设施，在一般年景能正常灌溉，种植旱生农作物的耕地，包括种植蔬菜等的非工厂化的大棚用地
1.3	旱地	指无灌溉设施，主要靠天然降水种植旱生农作物的耕地，包括没有灌溉设施，仅靠引洪淤灌的耕地
2	园地	指种植以采集果、叶、根、茎、汁等为主的集约经营的多年生木本和草本作物，覆盖度大于 50% 和每亩株数大于合理株数 70% 的土地，包括用于育苗的土地
2.1	果园	指种植果树的园地
2.2	茶园	指种植茶树的园地
2.3	橡胶园	指种植橡胶树的园地
2.4	其他园地	指种植桑树、可可、咖啡、油棕、胡椒、药材等其他多年生作物的园地
3	林地	指生长乔木、竹类、灌木的土地，及沿海生长红树林的土地，包括迹地，不包括城镇、村庄范围内的绿化林木用地，铁路、公路、征地范围内的林木，以及河流、沟渠的护堤林
3.1	乔木林地	指树木郁闭度≥0.2 的林地，不包括森林沼泽
3.2	竹林地	指生长竹类植物，郁闭度≥0.2 的林地
3.3	红树林地	指沿海生长红树植物的林地

续表

土地分类		具体含义
3.4	森林沼泽	指以乔木森林植物为优势群落的淡水沼泽
3.5	灌木林地	指灌木覆盖度≥40%的林地，不包括灌丛沼泽
3.6	灌丛沼泽	指以灌丛植物为优势群落的淡水沼泽
3.7	其他林地	包括疏林地（指树木郁闭度>0.1、<0.2的林地）、未成林地、迹地、苗圃等林地
4	草地	指以生长草本植物为主的土地
4.1	天然牧草地	指以天然草本植物为主，用于放牧或割草的草地，包括实施禁牧措施的草地，不包括沼泽草地
4.2	沼泽草地	指以天然草本植物为主的沼泽化的低地草甸、高寒草甸
4.3	人工牧草地	指人工种植牧草的草地
4.4	其他草地	指树林郁闭度<0.1，表层为土质，不用于放牧的草地
5	商服用地	指主要用于商业、服务业的土地
5.1	零售商业用地	以零售功能为主的商铺、商场、超市、市场和加油、加气、充换电站等的用地
5.2	批发市场用地	以批发功能为主的市场用地
5.3	餐饮用地	饭店、餐厅、酒吧等用地
5.4	旅馆用地	宾馆、旅馆、招待所、服务型公寓、度假村等用地
5.5	商务金融用地	指商务服务用地，以及经营性的办公场所用地，包括写字楼、商业性办公场所、金融活动场所和企业厂区外独立的办公场所；信息网络服务、信息技术服务、电子商务服务、广告传媒等用地
5.6	娱乐用地	指剧院、音乐厅、电影院、歌舞厅、网吧、影视城、仿古城以及绿地率小于65%的大型游乐等设施用地
5.7	其他商服用地	指零售商业、批发市场、餐饮、旅馆、商务金融、娱乐用地以外的其他商业、服务业用地，包括洗车场、洗染店、照相馆、理发美容店、洗浴场所、赛马场、高尔夫球场、废旧物资回收站、机动车、电子产品和日用产品维修网点、物流营业网点、居住小区及小区级以下的配套服务设施等用地
6	工矿仓储用地	指主要用于工业生产、物资存放场所的土地
6.1	工业用地	指工业生产、产品加工制造、机械和设备修理及直接为工业生产等服务的附属设施用地
6.2	采矿用地	指采矿、采石、采砂（沙）场和砖瓦窑等地面生产用地，排土（石）及尾矿堆放地

续表

	土地分类	具体含义
6.3	盐田	指用于生产盐的土地，包括晒盐场所、盐池及附属设施用地
6.4	仓储用地	指用于物资储备、中转的场所用地，包括物流仓储设施、配送中心、转运中心等
7	住宅用地	指主要用于人们生活居住的房基地及其附属设施的土地
7.1	城镇住宅用地	指城镇用于生活居住的各类房屋用地及其附属设施用地，不含配套的商业服务设施等用地
7.2	农村宅基地	指农村用于生活居住的宅基地
8	公共管理与公共服务用地	指用于机关团体、新闻出版、科教文卫、公共设施等的土地
8.1	机关团体用地	指用于党政机关、社会团体、群众自治组织等的用地
8.2	新闻出版用地	指用于广播电台、电视台、电影厂、报社、杂志社、通讯社、出版社等的用地
8.3	教育用地	指各类教育用地，包括高等院校、中等专业学校、中学、小学、幼儿园及其附属设施用地，聋、哑、盲人学校及工读学校用地，以及为学校配建的独立地段的学生生活用地
8.4	科研用地	指独立的科研、勘察、研发、设计、检验检测、技术推广、环境评估与监测、科普等科研事业单位及其附属设施用地
8.5	医疗卫生用地	指医疗、保健、卫生、防疫、康复和急救设施等的用地，包括综合医院、专科医院、社区卫生服务中心等用地；卫生防疫站、专科防治所、检验中心和动物检疫站等用地；对环境有特殊要求的传染病、精神病等专科医院用地；急救中心、血库等用地
8.6	社会福利用地	指为社会提供福利和慈善服务的设施及其附属设施用地，包括福利院、养老院、孤儿院等用地
8.7	文化设施用地	指图书、展览等公共文化活动设施用地，包括公共图书馆、博物馆、档案馆、科技馆、纪念馆、美术馆、展览馆等设施用地；综合文化活动中心、文化馆、青少年宫、儿童活动中心、老年活动中心等设施用地
8.8	体育用地	指体育场馆和体育训练基地等用地，包括室内外体育运动用地，如体育场馆、游泳场馆、各类球场及其附属的业余体校等用地；溜冰场、跳伞场、摩托车场、射击场，以及水上运动的陆域部分等用地，以及为体育运动专设的训练基地用地，不包括学校等机构专用的体育设施用地
8.9	公共设施用地	指用于城乡基础设施的用地，包括供水、排水、污水处理、供电、供热、供气、邮政、电信、消防、环卫、公用设施维修等用地

续表

	土地分类	具体含义
8.10	公园与绿地	指城镇、村庄范围内的公园、动物园、植物园、街心花园和用于休憩及美化环境的绿化用地
9	特殊用地	指用于军事设施、涉外、宗教、监教、殡葬、风景名胜等的土地
9.1	军事设施用地	指直接用于军事目的的设施用地
9.2	使领馆用地	指用于外国政府及国际组织驻华使领馆、办事处等的用地
9.3	监教场所用地	指用于监狱、看守所、劳改场、戒毒所等的建筑用地
9.4	宗教用地	指专门用于宗教活动的庙宇、寺院、道观、教堂等宗教自用地
9.5	殡葬用地	指陵园、墓地、殡葬场所用地
9.6	风景名胜设施用地	指风景名胜景点（包括名胜古迹、旅游景点、革命遗址、自然保护区、森林公园、地质公园、湿地公园等）的管理机构，以及旅游服务设施的建筑用地，景区内的其他用地按现状归入相应地类
10	交通运输用地	指用于运输通行的地面线路、场站等的土地，包括民用机场、汽车客货运站、港口、码头、地面运输管道和各种道路以及轨道交通用地
10.1	铁路用地	指用于铁道线路及场站的用地，包括征地范围内的路堤、路堑、道沟、桥梁、林木等用地
10.2	轨道交通用地	指用于轻轨、现代有轨电车、单轨等轨道交通用地，以及场站用地
10.3	公路用地	指用于国道、省道、县道和乡道的用地，包括征地范围内的路堤、路堑、道沟、桥梁、汽车停靠站、林木及直接为其服务的附属用地
10.4	城镇村道路用地	指城镇、村庄范围内公用道路及行道树用地，包括快速路、主干路、次干路、支路、专用人行道和非机动车道，及其交叉口等
10.5	交通运输场站用地	指城镇、村庄范围内交通服务设施用地，包括公交枢纽及其附属设施用地、公路长途客运站、公共交通场站、公共停车场（含设有充电桩的停车场）、停车楼、教练场等用地，不包括交通指挥中心、交通队用地
10.6	农村道路	在农村范围内，南方宽度1～8米，北方宽度2～8米，用于村间、田间交通运输，并在国家公路网络体系之外，以服务于农村农业生产为主要用途的道路（含机耕道）

	土地分类	具体含义
10.7	机场用地	指用于民用机场、军民合用机场的用地
10.8	港口码头用地	指用于人工修建的客运、货运、捕捞及工程、工作船舶停靠的场所及其附属建筑物的用地，不包括常水位以下部分
10.9	管道运输用地	指用于运输煤炭、矿石、石油、天然气等管道及其相应附属设施的地上部分用地
11	水域及水利设施用地	指陆地水域，滩涂、沟渠、沼泽、水工建筑物等用地，不包括滞洪区和已垦滩涂中的耕地、园地、林地、城镇、村庄、道路等用地
11.1	河流水面	指天然形成或人工开挖河流常水位岸线之间的水面，不包括被堤坝拦截后形成的水库区段水面
11.2	湖泊水面	指天然形成的积水区常水位岸线所围成的水面
11.3	水库水面	指人工拦截汇积而成的总库容大于等于 10 万立方米的水库正常蓄水位岸线所围成的水面
11.4	坑塘水面	指人工开挖或天然形成的蓄水量小于 10 万立方米的坑塘常水位岸线所围成的水面
11.5	沿海滩涂	指沿海大潮高潮位与低潮位之间的潮浸地带，包括海岛的沿海滩涂，不包括已利用的滩涂
11.6	内陆滩涂	指河流、湖泊常水位至洪水位间的滩地；时令湖、河洪水位以下的滩地；水库、坑塘的正常蓄水位与洪水位间的滩地。包括海岛内陆滩地，不包括已利用的滩地
11.7	沟渠	指人工修建，南方宽度大于等于 1 米、北方宽度大于等于 2 米，用于引、排、灌的渠道，包括渠槽、渠堤、护堤林及小型泵站
11.8	沼泽地	指经常积水或渍水，一般生长湿生植物的土地。包括草本沼泽、苔藓沼泽、内陆盐沼等。不包括森林沼泽、灌丛沼泽和沼泽草地
11.9	水工建筑用地	指人工修建的闸、坝、堤路、水电厂房、扬水站等常水位岸线以上的建（构）筑物用地
11.10	冰川及永久积雪	指表层被冰雪常年覆盖的土地
12	其他土地	指上述地类以外的其他类型的土地

续表

	土地分类	具体含义
12.1	空闲地	指城镇、村庄、工矿范围内尚未使用的土地，包括尚未确定用途的土地
12.2	设施农用地	指直接用于经营性畜禽养殖生产设施及附属设施用地；直接用于作物栽培或水产养殖等农产品生产的设施及附属设施用地；直接用于设施农业项目辅助生产的设施用地；晾晒场、粮食食品烘干设施、粮食和农资临时存放场所、大型农机具临时存放场所等规模化粮食生产所必需的配套设施用地
12.3	田坎	指梯田及梯状坡地耕地中，主要用于拦蓄水和护坡，南方宽度大于等于 1 米、北方宽度大于 2 米的地坎
12.4	盐碱地	指表层盐碱聚集，生长天然耐盐植物的土地
12.5	沙地	指表层为沙覆盖、基本无植被的土地，不包括滩涂中的沙地
12.6	裸土地	指表层为土质，基本无植被覆盖的土地
12.7	裸岩石砾地	指表层为岩石或石砾，其覆盖面积大于等于 70% 的土地

资料来源：《土地利用现状分类》（GB/T 21010 – 2017）。

根据表 3.1 中的现有《土地利用现状分类》（GB/T 21010 – 2017）中的土地资源分类，同时依据第二次全国土地调查中的实际，在本书中，将一级地类中的第 5 类、第 6 类、第 7 类、第 8 类、第 9 类即商服用地、工矿仓储用地、住宅用地、公共管理与公共服务用地、特殊用地等几类用地，同时将二级地类涉及的第 10 类中的城镇村道路、交通服务场站两种用地类型，第 12 类中的空闲地归集到一类，将其统称为城镇村及工矿用地，同时按照区划对上述对象进行重新归纳分类，分成了城市、建制镇、村庄以及采矿用地四部分，具体分类如表 3.2 所示。其他地类的分类方法则仍沿用《土地利用现状分类》（GB/T 21010 – 2017）中的相关分类。基于此，在本书中可将土地资源种类大致划分为耕地、园地、林地、草地、城镇村及工矿用地、交通运输用地、水域及水利设施用地、其他土地八大类（王毅，2018）。

表 3.2　　　　　　　　　城镇村及工矿用地的利用现状分类

利用分类	具体含义
城镇村及工矿用地	指城乡居民点、独立居民点以及居民点以外的工矿、国防、名胜古迹等企事业单位用地，包括其内部交通、绿化用地
城市	指城市居民点，以及与城市连片的区政府、县级市政府所在地镇级辖区内的商服、住宅、工业、仓储、机关、学校等单位用地
建制镇	指建制镇居民点，以及辖区内的商服、住宅、工业、仓储、学校等企事业单位用地
村庄	指农村居民点，以及所属的商服、住宅、工矿、工业、仓储、学校等用地
采矿用地	指采矿、采石、采砂（沙）场，盐田，砖瓦窑等地面生产用地及尾矿堆放地

资料来源：《土地利用现状分类》（GB/T 21010 – 2017）。

3.1.2　土地资源资产

资产必须满足的两个必备条件是"有市场价值和归属权明晰"。资源资产则定义为：产权明晰的，在一定技术条件和社会环境下能够产生经济效益的稀缺自然资源（姜文来和龚良发，1999）。从本质上讲，资产就是资源的货币化或价值化，进而能产生经济效益的一种稀缺性资源。在我国，土地作为人类社会经济活动的载体，其权属明晰、经济与价值属性毋庸置疑，其实物量可以货币化，所以便有土地资源资产。

土地资源资产主要是由于土地资源地表覆盖物不同，形成不同的土地利用类型，进而产生不同价值的综合体，不同土地利用类型在进入市场后，用一定手段对其开展货币化后，形成的资产价值。也就是说，在建立土地资源实物量资产账户及具体的价值核算过程中，本书需要建立土地资源的覆被、土地利用类型以及土地资源资产三者之间的相互联系，并力争能够实现三者之间的相互转化。所以，细化各类土地利用类型，建立所需的统计指标基础数据库，是开展核算的首要任务和工作。

受某一行政区域土地资源"总量不变，结构有变"这一特性限制，核算的各类指标应在时间维度观察地类变化，土地资源资产负债表的编制才会有实际的应用意义。本书从张掖市的视角与格局编制土地资源资产负债表，并参考全国第二次土地调查分类体系中的土地利用类型来建立土地资源核算的统计指标体系。

考虑到本书是在地级市的尺度来编制资产负债表，在本书中，主要以一级地类为切入点，构建土地资源资产实物量核算的指标框架体系，如表3.3所示。

表 3.3　　　　　　　　　　土地资源资产实物量核算指标分类体系

一级土地资源指标	二级土地资源指标		
1 耕地	11 水田	12 水浇地	13 旱地
2 园地	21 果园	22 茶园	23 其他园地
3 林地	31 有林地	32 灌木林地	33 其他林地
4 草地	41 天然牧草地	42 人工牧草地	43 其他草地
5 城镇村及其工矿用地	51 城市	52 建制镇	53 村庄
	54 采矿用地	55 风景名胜及特殊用地	
6 交通运输用地	61 铁路用地	62 公路用地	
7 水域及水利设施用地	71 河流水面	72 湖泊水面	73 水库水面
	114 坑塘水面	117 水工建筑用地	
8 其他土地	81 设施农用地	82 裸地	83 沼泽地

依据表3.3，本书对张掖市的土地资源资产实物量开展核算，也就是对土地资源资产核算指标分类体系中的一级土地资源指标开展土地资源的实物量核算与价值量核算。

实物量核算，是以国民经济核算框架为蓝本、框架和基础，运用实物单位建立不同层次的实物量账户，进而去描述经济活动相对应的物质的产生量、去除量、排放量等。具体到土地资源的实物量，也就是要厘清研究期间土地资源的变化情况，以及在不同地类间的转化情况，厘清研究区间各个地类间的存量与流量等（张丽君等，2006）。

价值量核算作为经济学术语，指的是基于实物量的核算，开展各种环境污染以及生态破坏所造成的货币价值损失的估算。土地资源价值量核算，就是基于土地资源实物量的存量与流量概念，用货币的形式将存量的资产和基于各种损耗和破坏的负债表示出来（时仅，2016）。

土地资源囊括了自然和经济两大属性，积极利用"先实物，后价值"核算过程，不仅能客观真实地反映资源的实物量和价值量，且从中能体现出土地资源受人类活动的影响程度。所以，基于上述实物量科目的核算，开展土地资源资产价值量的核算，从逻辑上说是合理的。根据现有政策及相关研究对于土地资源的资产价值判断，现有的土地资源资产价值大致分为经济价值、社会价值以及生态价值，如表 3.4 所示。

表 3.4　　　　　　　　　**土地资源资产价值量核算指标分类体系**

资产价值类型	概化价值	细化价值内容
经济价值	直接的土地资源价值	表 3.2 中耕地、园地、林地、草地、城镇村及其工矿用地、交通运输用地、水域及水利设施用地、其他土地 8 个一级地类的货币化价值计算
社会价值	社会保障功能价值	旅游休憩价值、社会就业保障功能价值
生态价值	水资源供给、气体调节、气候调节、净化环境、水文调节、土壤保持、维持水分循环、生物多样性和美学景观九大类功能价值	农田生态系统生态价值（耕地、园地）森林生态系统生态价值（林地）草地生态系统生态价值（草地）城市生态系统生态价值（城镇村及其工矿用地、交通运输用地和其他土地）水域生态系统（水域及水利设施）湿地生态系统（沼泽地资源）

3.1.3　土地资源负债

土地资源负债是指由人类各种活动所导致的土地资源质量的下降和土地资源数量下降或变更，是由于自然原因或人类活动所引发的土地资源价值变化，即为了对土地资源价值损耗引起的各类问题开展治理、补偿和维护，或者对于土地资源未来增值促进而开展的各类行动所需要承担的各类成本与费用。由此来看，土地资源负债包括了两个方面的内容：第一，土地资源的开发利用所造成的土地原有价值发生的变化；第二，自然原因所导致土地资源价值发生变化产生的负债。

从现有对于土地资源负债研究成果来看，主要从两个方面来定义：第一，土地环境损害产生的土地资源负债；第二，资源过度耗减带来的土地资源负债（胡文龙和史丹，2015）。为了实现可持续发展，以及减少未来资源主体的损失，而去承担相应的治理义务即是土地资源负债（Lomas & Giampietro，2017）。

本书是在实际的区域开展研究，必须用真实的数据对负债进行对照，同时要考虑数据的易获得性、可获得性。在本书中，沿用上述负债分类方法开展张掖市对于土地资源环境损害负债、资源耗减负债的实物量和价值量核算。

所以，本书开展研究所采用的负债概念就是，张掖市在开展土地资源治理、补偿和维护，或者未来增值过程中所投入和承担的各类成本与费用，以及地类之间转换产生的资源耗减成本。

具体到土地资源价值资源耗减、环境损害负债的实物量指标，就是指所涉及的可以实际统计到的各类土地资源环境损害负债指标（各类污染实物量），能计量到的资源耗减损耗实物量，以及体现到价值量指标上的为了治理这些污染所投入的费用和耗减负债计算的价值量。

本书主要从土地资源环境损害损益以及土地资源耗减两大方面展开统计、研究与核算，如表 3.5 和表 3.6 所示。

表 3.5 **土地资源环境损害负债指标体系**

土地资源环境损害负债指标	详解
土地污染	主要包括由于大气污染、水体污染、固体废弃物、农药等造成的土地资源污染，开展土地资源净化处理所需的费用
水土保持治理	为预防和治理各类水土流失导致的土地破坏而支付的费用
土地肥力改良	为了提高土壤肥力所投入的费用
灾害整治	涉及土地资源的灾害整治经费（规划前期经费、工程治理经费、应急处置经费、监测经费、科研经费等）
土地整治与整理	土地资源遭受破坏的治理费用、高标准农田建设、宅基地复垦等对土地进行整理规划的费用
矿山治理	矿山的整治和恢复所产生的费用
违建用地整治	未取得批准或未按规定开展的建设行为的拆除、整治所产生的费用

表 3.6　　　　　　　　　　　土地资源负债指标体系

土地资源负债指标体系	指标集
土地资源环境损害负债	土地污染、水土保持治理、土地肥力改良、灾害整治、土地整治与整理、矿山治理、违建用地整治等产生的各类费用
土地资源价值耗减负债	耕地价值耗损、林地价值耗损、园地价值耗损、草地价值耗损、水域及水利设施用地价值耗损、城镇村及工矿用地价值耗损、交通运输用地价值耗损、其他用地价值耗损以及八大地类间相互转换造成的损耗量化

　　土地资源环境损害负债指标主要包括污染治理含土地污染、水土保持治理、土地肥力改良、灾害整治、土地整治与整理、矿山治理、违建用地整治过程中所能统计到的环境损害详细指标实物量以及开展相关环境退化修复所产生的一系列费用或投入。

　　土地资源价值损耗是指耕地、园地、林地、草地以及水域及水利设施用地等用地，城镇村及工矿用地、交通运输用地、其他用地间相互转换而导致的土地资源地类间实物量的转化或损耗，以及由地类间实物量转化而导致的各类土地资源价值（经济价值、社会价值、生态价值）流失损耗的量化。

　　实际上，土地资源负债所需承担的现实费用义务中，有些指标负债或者说费用支出是用于弥补人为活动造成的损害损失，如土地污染等，这种负债类型为正负债，本书统称为损失性负债；当然，有些负债指标的核算是由为可持续发展以及未来的改良预期而产生的投入，这类负债类型为负负债，此研究中，定义其为投入性负债。所以，在分析评估土地资源负债状况以及资产负债表编制后的评价分析过程中，应对此类指标予以客观科学的评价。

3.2　理论基础分析

　　我国开展自然资源账户核算的原始基础便是联合国发布的 SEEA2012，即《环境经济核算体系：中心框架》。作为国际上首个环境经济核算的国际统计标准体系，SEEA2012 首先是一个关于环境资产存量及其存量变化的范式，其次也是涵盖了经济—环境相互关系与作用的多用途框架（Bartelmus，2014）。

3.2.1 SEEA 的核心内容

根据 SEEA2012 体系，其核心内容主要包括核算框架、实物流量账户、环境活动账户和相关流量、环境资产账户及其核算四大方面，并展开了详尽阐释（Obst，2015；UN et al.，2012）。

1. 核算框架

核算框架主要阐释了核算框架以及相关的记录规则和原则。该核算框架将经济、环境等多个不同方面的要素囊括到一个统一的计量背景之中，并提供了一个统一的供应使用表、资产账户、经济账户序列和功能账户的核算框架。同时，也对实物型账户的存量和流量、价值型数据核算方法、列报合并提供了思路与参考。

2. 实物流量账户

实物流量账户记录了一种实物账户流量的记账方式，实际上是给出一种将不同实物流量具体统一到实物型账户，以便提供具体使用方法的思路，对于实物流量中发生的缩减、扩张统一计量。同时，提出存在于经济系统内部以及经济—环境系统中的主要实物流量包括产品、自然投资和残余物三要素。编制实物型供给表，主要是依赖于下述两个公式。

（1）供给使用的恒等式。产品总供给 = 产品总使用。可以详细描述为：国内生产 + 进口 = 中间消耗 + 住户最终消费 + 资本形成总额 + 出口。

（2）投入产出的恒等式。详细描述为：进入经济的物质流 = 流出经济的物质流 + 经济系统的存量净增加。

3. 环境活动账户及其相关流量

环境活动账户及其相关流量则主要可被认为是对国民经济账户体系内部与环境相关各类经济要素的计量与确认。可以将人类的环境活动大致划分成资源管理、环境保护两大类。资源管理是指人类在开展自然资源利用的各类经济活动过程中，所采取的维持与保护行动，旨在避免和减少自然资源的损耗；环境保护是指为实现预防、减少甚至清除环境污染或是环境退化，降低或消除相关活动对于环境的压力而采取的行动。

此处，还对环境货物与服务、环境生产者等概念进行了规范，明确了环境货物与服务的概念：即在环境保护活动中产生的，为减少或降低污染及环境损害而提供的各类货物与服务；环境生产者是生产环境货物以及服务的各类单位的总称。

环境保护支出账户（EPEA）以及环境货物服务部门统计（EGSS）主要是在 SEEA2012 其中心框架中所提及的两套信息编制方法。

EPEA 基于需求角度，统计各个经济单元在环境保护上的投入及支出，其由多个账户系列组成，核算结构相对完整。其中，其核心表格是环境保护的支出表，辅助表格则主要包含了环境保护各类专项服务的生产表、环境保护支出资金的来源表等。

EGSS 基于环境货物—服务生产角度开展核算。EGSS 从供给的角度出发，对不同类型生产者的环境服务、货物生产信息进行明确，同时展开分类，包括以下四类：第一，环境专项服务，也就是为资源管控和环境保护所提供的服务；第二，单一目的产品，也就是资源管控和环境保护所应用的产品；第三，适用货物，即指环境友好清洁类货物；第四，可以应用于治理环境的环境技术。

4. 环境资产核算

环境资产实际上囊括了地球上所有自然存在的物品。生物资源、水、土地、林木等类似的物质资源，都是环境资产的一部分。从实物层面讲，能够为人类带来或供给福利的一切资源都称作自然资源。

SEEA 体系下，自然资源的两种价值分别是经济价值和生态价值。其价值的核算，应当根据"价值 = 数量 × 价格"这一公式，根据相应的价格及估值模型开展计算。本书开展具体核算时，需设置实物型、价值型两类账户。

实物型账户首先是遵循和沿袭了国民账户体系中的资产账户结构，包含期初存量、期末存量、核算期间变动值三个要素。对于实物型账户，初始量是期初存量，新发现或自然生长资源计入本期的增加额；由于开采、发掘、灾害等因素所减少资源量计入本期减少额；用期初余额再加总增减相抵之后的数量，就可以得出期末资产存量。

开展价值类账户核算时，第一，需要考虑"ECU"，即生态系统能力单位，也就是将单位不同的资源分别进行测量，通过统一换算成可以加总的一种特殊货币形式，进而开展价值核算。第二，考虑市场价格变动对自然资源价值的影响。因此，开展期末余额核算，首先需要在期初余额的基础上，将自然资源变化的净额加总；其次是要对期间资源价格变化产生的净额计算加总，从而使获得的核算期期末余额更为准确。

从生态平衡在碳封存、水域保护、栖息地维持与保护的作用维度来看，人类实际上并不能直接用货币衡量价值。因而，更主张在 SEEA 体系内采用实物型账户来开展核算。但是，人类如果想要进一步对环境资产作出更为全面完整的估算，就需要掌握更多、更全面的资源经济价值。原因在于价值型账户才是核算全国总财富最主要的参考依据和来源。只有通过价值型账户的详细分析，才能真正对财富所有权的分配以及价格波动等开展评估。

SEEA 中指出，资产账户编制也存在两大难点。第一类难点是自然资源在某段时间内消耗的量化。众所周知，当某个经济单元对于某个自然资源的开发、采掘速度超过这一自然资源的修复速度时，便会造成自然资源的损耗。这类难点中，具体又有以下两个难点：一是某类自然资源的测量范围、测量方法的确定；二是需要纳入资源的再生性，可在再生资源消耗量计算中予以考虑。第二类难点在于仍旧缺乏成熟稳定的交易体系和市场来支撑环境资产的估值，现有条件下，仍需利用净价法或者估值模型这两种手段来开展价值估算，缺点在于上述两种方法中，净价法得到的资源价格可能会偏高，估值模型则存在利用的前提不现实这一缺陷。

3.2.2 SEEAL 主要内容

按照 SEEA2012 中心框架体系内容，其主张将所有的环境资产划分为七个资源大类，包括水资源、土地资源、水产资源、土壤资源、矿物能源资源、木材资源以及其他资源。需要注意的是，在七大类环境资产中，土地资源资产与土壤资源资产是独立存在的，分属于两类资源资产，因为究其本质，土地资源、土壤资源的基本功能是不相同的。同时，人工生物资源、土地资源不能隶属于环境资产。尽管在我国土壤的侵蚀作用对我国农耕用地价值影响非常大，但是考虑到其功能及账户属性，在我国进行自然资源资产负债表编制过程中，也可以适当考虑将土地资源与土壤资源分别开来，单独进行核算，同时在资源资产负债表中分开披露。

SEEA2012 中，基于土地资源的账户核算，主要利用土地使用和土地覆被两大类内容对于土地开展范围界定，作为核算的基础。而在上述土地使用、土地覆被两大方面，最为重要的是其数据获得与收集方式。总体而言，大致有两种方法：卫星图像、现场调查。卫星图像为一个国家或地区提供更为广泛的数据基础，使大规模的评估与核算成为可能，而现场调查则能更好地弄清地区土地资源的具体使用情况。

1. 实物型土地资产账户

实物型土地账户，其主要工作目标是：核算某个期间，各类土地面积及其相关变化，并清晰阐述变化方向。SEEA2012 中，主要提到的一系列子账户，包含土地使用账户、土地覆被账户、按照行业或机构部门得到的土地所有权账户等。核算单位是以公顷和平方米为单位的面积单位。

一般来说，一个国家或地区土地总面积在一定时期内是固定不变的。土地资源实物量在期初、期末间的变化，主要原因在于不同地类间的转化，原因较多的是与土地所有权、使用权以及覆被变化相关的社会活动所造成的。

借助会计计算的逻辑，可以将土地覆被变化与土地使用变化建立起联系。通过矩阵，解释一个核算期间内土地覆被以及土地使用情况的变化。

SEEA2012 中，给出的实物型土地覆被账户，如表 3.7 所示。

表 3.7　　　　　　　　　　　实物型土地覆被账户　　　　　　　　单位：公顷

项目	地类 1	地类 2	地类 3	地类 4	地类 5	……
期初存量						
存量增加						
管理下的扩张						
自然扩张						
向上重估						
存量增加量合计						

续表

项目	地类 1	地类 2	地类 3	地类 4	地类 5	……
存量减少						
管理下的缩减						
自然缩减						
向下重估						
存量减少量合计						
期末存量						

　　表3.7中，列出了不同类型土地覆被期初与期末面积，以及对应在核算期内的增减情况。表中的增减情况主要来自管理下的扩张或缩减，以及自然扩张或缩减。管理下的扩张或缩减主要来源于人类活动引起的各类土地覆被面积的增加或减少，并在表中记录一个匹配的账户记录。自然扩张或缩减则是自然过程导致的各类型土地面积的转化、增加或减少。土地覆被类型的自然扩张或缩减，也将产生一个账户记录匹配项。除此之外，表3.7还列明了重估项，用于向上调整估值或者向下调整估值。如最新的卫星影像上解读到的新信息，进而利用此信息修正估值。

　　在开展实物型土地覆被账户编制的过程中，会利用到土地覆被变化矩阵，如表3.8所示。

表 3.8				土地覆被变化矩阵				单位：公顷
土地覆被	期初面积	地类 1	地类 2	地类 3	地类 4	……	净变化量（增或减）	期末面积
地类 1								
地类 2								
地类 3								
……								

　　表3.8显示了研究期间两个不同时间点的土地覆被状况。它显示参照期和研究期不同类型土地覆被面积，以及期间各类型土地的增加量、减少量。

当然，此表并未显示地类的转移效率。例如，优质农田被转化为建筑用地，某个地方天然林减少而其他地方人工林增加等。

所以，还应在分析土地覆被变化时，详细地考虑地类间的转移效率，而不是单纯地计算账户数字。在单独的表中显示增加量和减少量，这样就能够进行更详细的分析，厘清地类间变化的原因。

2. 价值型土地资产账户

价值型土地资产在研究期间价值的变化主要表现在以下两个方面：第一是核算期价格的重新估算；第二是土地用途的变化，产生的不同土地类型转换产生的价值变化。需要注意的是，交易部分土地仅是相关地类的一小部分，不能代表所有地段的完整的、全面的价格情况；另外，涉及公共利益的土地、偏远地区的土地不能在市场上交易。

开展资产价值估算时，需注意以下事项。

第一，某些复合资产，也即与土地捆绑在一起的资产的核算与估算。（1）土壤资源，对农地资源价值进行估算时，需要考虑土壤资源对土地或农地价值的影响。（2）建筑物，一般情况下，土地存量期初、期末价值核算，不应包含土地上建筑物的价值。若土地与建筑物价值无法分开时，将复合资产总价值归入价值较大的资产类开展核算。（3）土地改良，由于土地清理、平整或农用水井及水坑的开挖，预防土地的质量退化，地块生产率的大幅提升，计算价值时应将土地改良增值部分记录为独立的生产资产，不同于之前的价值。（4）此外还应区分相关地上生物资源，公共土地与路下的土地及其地表铁路、公路及其他运输道路下的土地，可再生能源占用土地等。各类土地资产与其地表附着物的价值若能独立核算则独立核算，分别计量与记录；若不能独立核算，则纳入价值较大部分的类别予以计算。

第二，土地质量变化引起的价值变化。例如，由于各类污染源，诸如放射性废物等造成的污染，导致原有土地价值变化的各类土地质量变化，不应记录为重计值，而是应当在土地用途变化的情况下进行地类重新划分，在土地用途保持不变的情况下，开展土地价值重估或者灾难损失评估。

第三，在土地交易过程中，会产生费用，称为所有权转移费用。一般而言，土地所有权转移费用可作为一项单独资产来处置，而不纳入土地估价的资产账户中。但若交易仅涉及土地和土地改良，所有权转移费用应被划归生产资产土地改良；若交易既涉及土地，也涉及生产资产（如建筑物等），费用应被划归至所涉及的生产资产，并冲减生产资产期初和期末的存量价值。但需要澄清的是，若所有权转移费用与土地之外的非生产资产相关（如与矿产或天然林木资源出售相关），费用资本化时冲减生产资产"非生产资产所有权转移费"，但是在记录资产负债表时冲减所涉及的非生产资产。

3.2.3　土地资源资产核算与土地资源资产负债表

在上面的描述中，我们初步了解了 SEEAL 的架构以及其计量逻辑，现在本书就土地资源资产核算与土地资源资产负债表之间的联系和区别等关系展开论述。

两者间的联系在于：土地资源核算与土地资产负债表的编制旨在收集土地资源与经济社会之间相互关系及其作用的关键变量等信息，揭示核算期间区域土地资源资产的规模与数量及土地资源在近期内的利用与保护状况。土地资源的核算研究和实践为土地资源的资产负债表编制提供了一套基础的理论和方法，土地资源资产负债表就是在坚持 SEEAL 框架一系列基本原则和理念的基础上，编制出的反映某个国家或者地区土地资源"家底"的报表体系。因而，土地资源资产负债表，其理论基础来源于 SEEAL，同时也在应用的过程中的账户整合、类别细化、信息列报等方面对 SEEAL 进行了创新和发展。

两者间的区别在于：土地资产负债表编制与土地资源核算并不是替代或从属关系，两者的主要区别是基本用途不同。土地资产负债表编制强调的是核算期内土地资源资产数量的增减以及土地资源质量的变化，强调的是对于土地资源资产和土地资源负债价值的核算，反映的是基于土地资源资产—负债关系的土地资源开发、利用以及保护的情况。并据此给相关的评价经济主体提供土地资源管理绩效和责任，相对核算范围比较窄。而土地资源核算则主要侧重于对土地资源数量、质量、种类等进行一种客观的反映，核算范围相对广，侧重于按照指标开展数据统计。

但无论是土地资产负债表，还是土地资源核算，土地资源账户是两者的编制基础，土地资源实物账户是探索编制土地资源资产负债表的前期基础，土地资源实物量核算和价值量核算是土地资产负债表编制的数据保证。土地核算账户、土地资源环境经济核算以及土地资产负债表三者的关系体现在图 3.1 中。

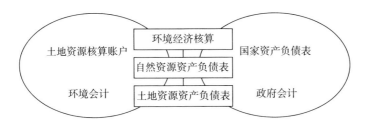

图 3.1　环境经济核算与土地资源核算逻辑关系

根据图 3.1，环境经济核算要求进行各类自然资源资产，包括土地资源资产负债表的编制，土地资源核算账户是环境会计的其中一项内容，国家资产负债表是当前形势下政府会计的题中应有之义，所以通过环境会计的分项计量，为国家资产负债表即政府会计奠定了计量与考核基础。新形势下，开展土地资源资产负债表的编制刻不容缓。

3.3　账户体系

3.3.1　编制原则

土地资源资产负债表的编制，及其在中间涉及的资源价值核算是一个综合性强、层次较多的综合性复杂问题。本书中，我们沿用 SEEAL 的框架思路，同时综合国内现有的研究成果，集成融合性地构建了土地资源负债核算理论框架体系。为确保本书各类土地资源实物与价值账户核算开展的可行性与合理性，在本书的开展过程中，需要遵循以下基本原则。

第一，注重中国特色原则。我国开展自然资源环境核算相较于国外先进国家起步较晚，经验尚缺。所以，在开展相关研究的同时，要积极关注国际社会在资源环境价值分析领域的研究思路、方法与最新进展。在借鉴国际先进经验、学习国外先进方法等方面，要极力地推进中国核算模式与国际核算模式的对接，注重中国本土的各类经济、会计、资源与环境实际，并积极依托已有的资源环境经济核算成果，开展各类自然资产负债表的编制与实施。构建出自己的一套既符合本土化需求，又能积极与国际接轨的，综合资源环境、经济核算与自然资产负债编制的方法体系。

第二，综合性原则。本书以土地资源为主要的核算对象，我国土地资源种类繁多，同时经济社会对于土地资源的耗减与影响是多方面的。因而，在开展价值账户计算与评估过程中，应积极考虑各种影响因素对资源环境价值的增减影响，并尽可能地将较为重要的因素保留到核算的评价指标体系中。同时，积极注重指标体系的层次脉络，厘清要素从属关系，客观反映关键要素特征，为土地资源资产负债表的编制提供可操作的指标体系与框架打好基础。

第三，数量与质量并重原则。土地资源账户编制涉及实物量与价值量两大类账户的编制，不仅要注重不同地类之间相互转换的数量，更要注意转换之后土地质量对于价值量账户评估的影响。因为，绝大部分的地类转化中，往往存在某种劣质地类替换原有优质地类，例如，城市周边建设用地对优质耕地的占用后，将某些未利用土地补充进耕地的实物数量账户，这便造成了账户中的实物账户变化不明显，但是价值账户却差异显著。所以，在基础数据收集与统计过程中，要极力注重土地资源数量与质量账户并重，保证实物型账户，尤其是价值型账户的准确性，进而作为地方政府绩效评价的可依据指标，并作为相关资源环境问题追责的相关依据。

第四，可操作性原则。土地资源核算涉及统计、经济、资源、环境等学科领域，综合性较强，为使相关的核算与编制结果能够用于实际分析，所应用的指标要素与体系必须是可以获得的。尽量做到理论层面的设计能得到有效的数据支撑，且数据支撑是真实有效的，或者可以通过现有数据计算获得，这样才能将实际结果应用于实际。

3.3.2　理论框架体系

土地资源资产负债表理论框架设计的关键在于建立科学、合理的核算模型体系，来充分满足土地资源资产负债表编制所需要的各类信息。本节旨在从理论框架层面充分讨论土地资源资产负债表涉及的整体框架体系。

从理论层面上来讲，土地资源资产负债表的框架体系主要由资产账户、负债账户两大部分组成。在关键要素及核算逻辑上则还包含了实物—价值账户、存量—流量账户等，同时也应重点关注生态用地资产、生态用地耗减与土地环境损害等状况，如图 3.2 所示。

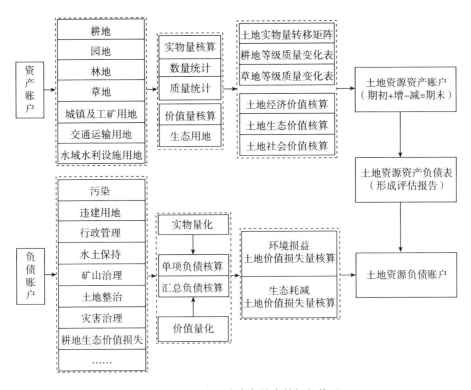

图 3.2　土地资源资产负债表的框架体系

上述土地资源资产负债表的框架体系的优点在于：具备了开展土地资源资产负债表核算及相关编制的完整性特点，各类基础要素计量指标的收集、整理以及核算和汇总，都已经形成了相对完整的一个闭环通路，按照上述框架能够开展完备的核算计量。

同时也存在一定缺陷，主要在于对地类等级质量的确认及衡量上，会导致计算结果出现一定的误差。

3.3.3 土地资源资产负债表表式结构

如何设计满足土地资源资产负债表编制的基础表式结构以及确定基础报表数量，是开展此项工作最为重要的一环。只有涉及的经济、社会、资源、生态数据越为全面，最后编制报表的结果才能够越客观。考虑到编制土地资源资产负债表，应当遵循"从存量到流量、从实物到价值、从分类到综合"的技术路径，同时基于土地资源的经济价值、社会价值、环境质量价值以及生态功能价值这四个方面，并综合考量所研究区域的土地资源实际情况，本书提出土地资源资产负债表编制的宏观报表指导框架、报表体系以及各类基础表式结构，如图 3.3 所示。

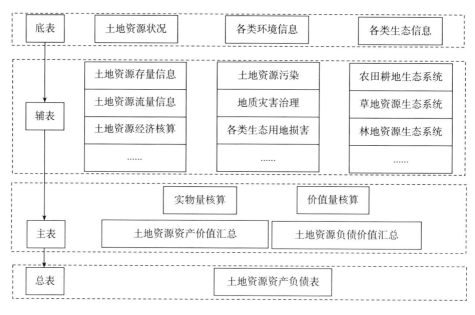

图 3.3　土地资源资产负债表的报表体系

1. 报表体系

从会计学角度来讲，资产负债表所核算的对象是资产和负债，通过此表可以清楚地反映出经济主体与其所属各个机构之间的债权与债务关系。从土地资源资产负债表的角度来说，此表则可以延伸、体现出所研究区域土地资源的各类土地资源资产、负债以及所有者权益关系的报表系列。具体地说，土地资源资产负债表全面地揭示了在核算期间的土地资源资产的所有"家底"，可以详细体现各类土地资源在核算期间的数量、质量、增减以及各个地类的变化，以及在变化过程中资源环境附带产生的各类负债情况。

从宏观架构来看，土地资源资产负债表，主要对土地资源的各类覆被或者用途情况作了集中体现，主要包含土地资源资产存量、变动及其资产价值，主要涉及数量形式和质量形式的土地资源资产存量表，土地资源的变化矩阵以及存量变动表，土地资源的资产价值表等，具体如表3.9所示。

表 3.9　　　　　　　　　各类土地资源资产负债表

表格类型	细分表格	核算内容
土地资源资产存量表	土地资源资产存量表（数量形式）	以实物量为单位，对核算主体在核算期期初或期末的各类土地资源存量情况进行核算
	土地资源资产存量表（质量形式）	以实物量为单位，对核算主体在核算期期初或期末的各类土地资源质量情况进行核算
土地资源资产存量变动表	土地资源资产存量变动表	以实物量为单位，对核算期间各类土地资源资产的变化情况进行核算
	土地资源变化矩阵	以实物量为单位，以土地资源变化记账表为基础，统计土地资源类型的变化情况，记录各类土地资源的来源、去向以及具体的数量
土地资源资产价值表	土地资源资产价值表	以价值量为单位，对核算主体在核算期期初、期末的各类土地资源资产的存量价值及其在核算期间的价值变动情况进行核算

以上述宏观架构为基础，在本书中，土地资源资产负债表涉及以"底表→辅表→主表→总表"为逻辑框架结构的研究区域土地资源资产负债表报表体系（见图3.3）。其中包含：（1）底表约计20张，此类底表信息基于核算期的年份顺序收集整理各类基础统计数据信息，对各类土地资源的实物量、

生态环境、社会经济等相关的各类本底状况、基础资料开展了详细记录，底表大部分是实物型表格；（2）辅表约计14张，是基于土地资源的经济价值、社会人文、生态环境这三大方面予以综合考量而形成的核算表，记录了由底表向辅表转化的基础过程，分别从存量到流量、实物到价值、分类到综合、下级行政单元到上级行政单元等多个维度来反映研究区资源环境的整体状况，形成的表格既有实物型，也有价值型；（3）主表一般共计两张，一是土地资源资产类价值核算及汇总，二是土地资源负债类价值核算及汇总。土地资源资产类核算涉及土地资源存量和流量的计算，存量计算是指研究区各类土地资源在期初、期末资产的实物以及价值总量的计算，而流量核算则是各种土地资源类型在所属研究期间面积以及价值量增减的各类情况。土地资源负债类核算，除了需要积极利用土地资源实物量中的相关地类间的转换数量，还需要对土地资源开发利用中产生的各类环境损害以及相关的治理投入、费用和成本进行详细记录。这两张报表，分别以实物和价值两种方式呈现；总表共计1张，综合反映研究区在核算期内的土地资源资产及负债规模、构成以及总体及分项变动的情况。

2. 基础账户表式结构

在土地资源资产负债表的两张主表中，主要囊括的两大类核算内容分别是土地资源存量核算、土地资源流量核算。存量核算主要包含研究区涉及的期初和期末各类土地资源实物量两栏，并分别从面积以及价值两方面体现。流量核算则按照各个地类增加或者减少两个正负流向统计土地资源增减的情况。

（1）土地资源资产存量表。土地资源资产存量表囊括了数量形式资产存量表、质量形式资产存量表。

一是数量形式的土地资源资产存量表。数量形式的土地资源资产存量表从整体上反映了研究区土地资源资产存量的期初—期末情况，用面积单位来描述其内涵，基本表式如表3.10所示。

表 3.10　　　　　　　　　**数量形式的土地资源资产存量**　　　　　单位：公顷

土地资源类型	期初情况		期末情况	
	面积（公顷）	面积占比（％）	面积（公顷）	面积占比（％）
耕地				
林地				
草地				
园地				
城镇村及工矿用地				
交通运输用地				
水域及水利设施用地				
其他土地				
合计				

　　表 3-10 中，按照前文中土地利用类型分类，按照以行政区划为单位划分的研究区，反映研究期初、期末研究区的实际土地资源存量情况。

　　二是质量形式的土地资源资产存量表。本报表主要用于反映核算主体在期初—期末的核算期间，各类土地资源资产中的质量情况。在数量形式的资产存量表的基础上，根据不同地类，在统计部门统计结果与实地调研相结合的基础上，将不同的地类按照调查及统计结果，对各类土地资源的质量等级进行统计，利用相关计算方法，对不同地类单元按照质量等级进行测算。本书中以耕地为例，首先依据国土资源部门的统计数据建立耕地资源的质量登记表，其次积极采用土地利用现状调查中最新的耕地图斑作为调查和评价单元，并分别基于气候、地形、农田基础设施、土壤以及利用程度等层面对未定性的耕地质量等级进行综合评定，具体详细步骤如图 3.4 所示。同时将最终评定结果补充记录到土地资源质量等级登记表中，如表 3.11 所示。

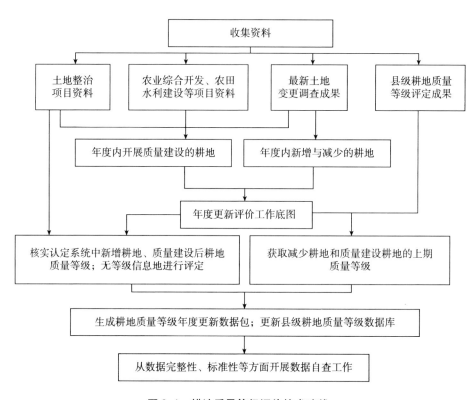

图 3.4　耕地质量等级评价技术路线

表 3.11　　　　　　　　　　**土地资源质量等级登记表**　　　　　　　单位：公顷

耕地面积	土地质量等级
基础调查单元 1	
基础调查单元 2	
基础调查单元 3	
基础调查单元 4	
……	
某研究区平均质量等级	

在中国耕地质量的等级调查评定标准中，我国耕地共划分了 15 个质量等级。在对土地质量等级进行划分后，为了计算方便，本书还需对研究区耕地

平均质量等级进行汇总测度：研究区平均质量等级 = $\sum$（某研究区质量等级 × 该等级在某研究区面积比重）= $\sum$（某研究区质量等级 × 某研究区该等级面积 ÷ 本地区耕地总面积）。

　　经过上述土地资源质量等级的登记与汇总，就可以得到质量形式的土地资源资产存量表，如表 3.12 所示。这里以耕地作为相关代表，实际上，其他地类的质量形式土地资源资产存量表都须参照相关步骤予以确认和计量。

表 3.12　　　　　　　质量形式的土地资源资产存量表计量　　　　单位：公顷

耕地质量等级	期初存量	本期增加量	本期减少量	期末存量
1 级				
2 级				
3 级				
4 级				
5 级				
6 级				
……				

　　（2）土地资源资产流量表（存量变动表）。土地资源资产流量表，又称存量变动表。其对土地资源资产的变化来源、原因进行了详细的记录，同时对土地资源间互相的流转关系给予了更为详细的表示和描述，综合反映了土地资源某核算要素期初、期末面积以及其在核算期间的变动情况及原因。主要依赖如表 3.13 所示的土地资源流量核算表、存量变动表以及变化矩阵，并用实物量予以计量。

表 3.13　　　　　　　　　　　　土地资源存量变动表　　　　　　　单位：公顷

项目	耕地	林地	草地	园地	城镇村及工矿用地	交通运输用地	水域及水利设施用地	其他土地
期初存量								
存量增加								
管理下的扩张								
自然扩张								
向上重估								
存量增加合计								
存量减少								
管理下的减少								
自然减少								
向下重估								
存量减少合计								
期末存量								

按照"期初存量 + 存量增加 – 存量减少 = 期末存量"这一等式和基本平衡关系，在实际中，某区域的面积是相对固定的，土地资源实物存量的变化和流动主要是在土地类别之间的实际转化中产生的，如表 3.14 所示。

表 3.14　　　　　　　　　　　　林地资源流量核算表　　　　　　　单位：公顷

项目	林地	备注
资源存量的增加		
耕地—林地		
草地—林地		
园地—林地		
水域及水利设施用地—林地		

项目	林地	备注
城镇村及工矿用地—林地		
交通运输用地—林地		
其他土地—林地		
其他原因导致的增加		
资源存量的减少		
林地—耕地		
林地—草地		
林地—园地		
林地—水域及水利设施用地		
林地—城镇村及工矿用地		
林地—交通运输用地		
林地—其他土地		
其他原因导致的减少		

　　一般而言，存量增加的各类状况中，管理下的扩张是目前最为关键的因素，因为地类的变化，在没有大的自然条件改变的情况下，原因主要在于人类的行为活动所直接或间接导致的某类土地面积的增加。例如，植树造林所引起的林地面积增加；自然扩张是指某种自然过程所引起的某种土地面积增加，如植物自然的撒种、发芽、分枝等。存量减少的各类状况中，则反之。而重估则是在获得了某种新的土地利用信息后，进而对不同土地的面积大小开展修正的一种反映，其既可能是向上重估，也或许是向下重估。相对而言，某种地类的增加自然对应另一种地类的缩减。在这里，仅用林地的流量核算表予以说明和解释。

　　（3）土地资源负债核算表。土地资源负债，在本书中按照资源损耗、环境损害两大部分来构建其核算体系。土地资源的负债实物量账户包括反映土地环境与资源损耗的土地损失实物量核算表与土地利用开发导致的土地资源损耗的生态用地价值量核算表；土地资源的负债价值量账户实际上就是为应对各种污染治理、生态恢复、生态超载补偿等的成本和费用，以及据此建立的一系列损害的基础核算表格。

首先，土地资源环境损害负债的核算中，需要将实物量和价值量的负债进行单独的统计和核算。本书中所指的具体负债指标，主要涉及与土地资源直接相关的要素指标，包含水土保持、农业土壤肥力改良、土壤污染、灾害整治与土地整治等类型的负债指标。在统计过程中，本书分为实物量和价值量分别统计，因为，表格中有些要素，如生活垃圾吨数、灾害整治面积、矿山治理面积等可能通过实物量数据和价值量来分别统计，而有些要素，则只能通过实际的投入和支出等价值量来计量，并将一系列修复环境退化以及治理污染产生的费用加总，如表3.15所示。

表3.15　　　　　　　　　　　土地资源环境损害核算表　　　　　　　单位：吨/万元

土地资源环境损害负债指标		期初存量	期间变化量	期末存量
土地污染	工业固废			
	生活垃圾			
水土保持治理				
土地肥力改良				
灾害整治				
土地整治与整理				
矿山治理				
违建用地整治				

其次，资源过耗，在本书中主要考虑用土地资源在不同地类之间的变化来衡量和测算，主要依据的方法就是土地资源变化矩阵。

土地资源变化矩阵可以直接用来直观反映各土地类型之间的相互转化方

向以及数量，揭示各类型转入转出信息，转移矩阵的数学公式表现为：

$$S_{ij} \begin{cases} S_{11} & S_{11} & S_{11} & \cdots & S_{1n} \\ S_{21} & S_{22} & S_{23} & \cdots & S_{2n} \\ S_{31} & S_{32} & S_{33} & \cdots & S_{3n} \\ \cdots & \cdots & \cdots & & \cdots \\ S_{n1} & S_{n2} & S_{n3} & \cdots & S_{nn} \end{cases} (i,j = 1,2,3,\cdots,n)$$

其中，S_{ij} 为表示第 i 地类转化为 j 地类的面积；n 表示第 n 种土地利用类型的数量；i 与 j 分别表示某种地类转移前后分别的土地利用类型。通过此公式，加之通过上述统计的土地资源流量核算表以及土地资源变化记账表来记录，最终获得研究区的土地资源变化转移矩阵。

在表格 3.16 中，第一行表示的是期初的各类土地资源，第一列表示的是对照期的土地资源类型，即表示期初某地类在期末转换成对应地类的相应数值。

表 3.16 土地利用变化矩阵 单位：公顷

项目	耕地	林地	草地	园地	水域水利设施用地	城镇村及工矿用地	交通运输用地	其他土地	合计
耕地									
林地									
草地									
园地									
水域及水利设施用地									
城镇村及工矿用地									
交通运输用地									
其他土地									
合计									

同时在实际统计和调研过程中，本书还需要依据表格 3.17 中的土地资源

变化记账表，主要目的是对各类土地变化原因及结果进行记录，通过记录土地利用的每一次变化所引起的土地资源数量与质量的变化，以及核算期间人类活动所导致的土地功能及其价值变化，本书为探寻造成土地资源变化的原因提供更为直接和一手的证据。当今阶段，土地利用与覆被变化的主要归因来自城市规模急速膨胀、基础设施的建设开发、农业的产业化、休憩设施建设与改造、人工林地建设、森林砍伐、沙漠化的自然进程等。

表 3.17　　　　　　　　　　　　土地资源变化记账表　　　　　　　　单位：公顷

项目编号	变化时间	变化前				变化后			备注
		资源类型	变化量	资源质量	变化原因（经济/自然/生态）	资源类型	资源流向	资源质量	
1									
2									
3									
4									
5									
6									
……									

　　根据前文所述，土地资源资产价值汇总统计则主要依据一级分类中的耕地、园地、林地、草地、水域及水利设施、城镇村及工矿用地等方面开展。土地资源负债价值汇总则包括土地资源利用及开发过程中产生的各类资源过耗、环境损害等。

　　同时，在构建和编制土地资源资产负债表的过程中，本书主要本着"先分类后综合"的基本原则，依据前文设置出来的土地资源资产负债各类详细科目，汇总整合整个土地资源资产负债表中相关的各类资产以及负债部分，就可获得土地资源资产负债表，表 3.18 即为最终形成的土地资源资产负债表。

表 3.18 研究区土地资源资产负债表 单位：亿元

科目编号	资产类		期初值	期末值	科目编号	负债类	期末值
101	土地资源				201	资源过耗	
	经济价值	耕地			202	环境损害	
		园地			203	负债合计	
		林地					
		草地					
		城镇村及工矿用地					
		交通运输用地					
		水域及水利设施用地					
		其他用地					
	合计						
	社会价值	就业保障价值					
		游憩价值					
	生态价值	供给服务					
		调节服务					
		支持服务					
		文化服务					
	合计						
102	资产合计				301	土地资源净资产	

对于表格 3.18，需要说明的是，在本书中所指的土地资源资产负债表总表，是在借鉴国民资产负债表一般范式的基础上，同时利用会计中资产负债表的思维设计而成的，主要由土地资源资产类账户、土地资源负债类账户、土地资源净资产构成。其中，在土地资源资产的栏目下包含土地资源的各类价值，主要包含经济价值、社会价值以及生态价值。该表式结构，通过分类核算至土地资源详细的各个单项指标，并对计算结果进行最终的综合统计。而对应的在负债类栏目科目下设置了包含资源过耗、环境损害这 2 大类的负

债核算体系。同时，将上述计算过程的最后资产与负债类综合核算并归总，依照"土地资源净资产＝土地资源资产－土地资源负债"这一逻辑等式，得出土地净资产栏结果。

3.4 小 结

在本章的研究中，本书从土地资源的分类及相关资产与负债的基本概念出发，基于 SEEA 的资产负债表设计的理论框架，对土地资源资产以及负债核算进行了详细的阐述。同时，本书从框架结构上对于资产负债表进行了明确，阐述了土地资源资产账户主要包括存量核算表、流量核算表和综合核算表；负债账户则主要包括反映土地环境损害、资源损耗的各类土地损失实物量计量核算表，以及土地开发过程中所导致的各类土地资源损耗、生态破坏等的价值量核算表等，最后形成了可用于研究区的土地资源资产负债表。

第4章 土地资源资产负债实物量账户核算

4.1 实物量账户构成

基于 SEEAL 的账户体系以及我国目前研究所处的阶段,同时考虑衔接国土资源及现有相关部门数据的可获得性及易于操作性,张掖市土地资源资产负债表实物账户体系,数据主要体现了研究期间土地资源使用、覆盖及变化情况。主要包括土地资源(数量形式)资产存量表、土地资源(质量形式)资产存量表、土地资源存量变动表、土地资源变化矩阵表、土地资源资产价值表。

其中,能够最本质和基础地反映出核算期间土地资源在期初、期末相应的存量水平以及流量变化就是土地资源的资产负债实物量账户。

从大类上看,土地资源资产的核算账户主要包含存量、流量、综合三个核算表。存量核算表记录张掖市域内 2012~2017 年各类土地资源面积;实物型的土地资源存量统计表,则以实物量为单位,对区域在核算期内期初和期末各类土地资源的资产总量开展统计。账户的内容,则主要包括期初、期末的各类土地资源的实物存量。同时,质量形式的资产存量主要影响各地类价值量的估算,因而主要体现在不同土地资源价值量核算计量过程中。

4.2 数据来源

4.2.1 数据来源

1. 基础数据

依据土地编制资源资产负债表对各类数据的需求,本书收集和整理了张掖市1∶10000的国土资源二调数据、1∶10000的土地年度间变更调查数据、

1:10000地形数据、县级以及乡镇行政区划图、各类地质灾害数据、土地污染以及治理数据、农药化肥污染数据、涉农土壤肥力改良数据、矿山治理及水土保持治理数据、土地整治以及违法建设用地各类数据、水土流失、大气污染与治理数据、固体废弃物与治理占地数据、水体污染及治理数据、县级/乡镇级环保规划数据以及DEM高程数据，这些数据来源于张掖市国土、环境、建设、林业、水利、统计、审计等部门，如表4.1所示。在处理过程中，通过实地调研，对部分有误差的土地数据进行了校对。

表4.1 本书使用数据及其来源

主管部门	数据类型
张掖市自然资源局	二调数据、年度变更调查数据、地形数据、行政区划图、各类地质灾害数据、矿山治理、土地整治以及违法建设用地等各类数据
张掖市生态环境局	土地污染以及治理数据、水土流失数据、县级/乡镇级环境保护规划部分数据等大气污染与治理数据、固体废弃物与治理占地数据、水体污染及治理数据等
张掖市农业农村局	土壤肥力改良数据、农药化肥污染数据等
张掖市水务局	水土保持治理数据、水体污染数据等
甘肃省高分中心	高分数据、DEM高程数据等
实地调研	误差数据等
……	……

2. 社会经济数据

除上述基础数据之外，本书还收集了张掖市各地县人口、年龄、性别结构、粮食播种类型——面积、产量、价格、GDP等基础数据，为本书的研究背景以及后续章节研究提供参考。数据主要来源于研究期间不同年度的《中国统计年鉴》、张掖市国民经济统计公报以及《全国农产品成本收益资料汇编》等，数据时间区间为2012~2017年。

4.2.2 数据处理步骤与方法

在本书中，由于资产和负债数据的收集主要来自各个行政主管部门。为了使口径保持一致，使最后计算结果有可比性，在本书中，土地资源利用的研究区间数据，主要以国土资源统计部门的统计数据为准。具体的数据处理方法和步骤如下。

（1）首先对表 4.1 中获得的基础统计数据进行分类。

研究区概况的研究，数据主要来源于地形数据、行政区划图。

土地资源资产核算，数据主要来源于二调数据、年度变更调查数据、误差数据、高分数据、DEM 高程数据、社会经济数据。

土地资源负债核算，数据主要来源于各类矿山治理、地质灾害、土地整治以及违法建设用地数据、土地污染以及治理数据、水土流失数据、大气污染与治理数据、固体废弃物与治理占地数据、水体污染及治理数据、县级/乡镇级环境保护规划部门数据、土壤肥力改良数据、农药化肥污染数据、水土保持治理数据、水体污染数据。

（2）将土地利用数据从县—市级的国土资源部门按照二级地类层层提取并归总计算。

（3）对获得的研究区间土地资源现状及变化数据进行校验。以国土资源统计部门的统计数据为准，利用甘肃高分中心的遥感影像数据对各地类的分布及面积等数据进行校验，并在不能确认的区域开展实地考察。

（4）充分利用 Excel、Arcgis 等软件，按照资产和负债类分门别类地进行整理、筛选、归类、提取。

（5）直接利用上述步骤（3）中的土地资源分类统计结果，开展土地资源实物量的核算。

（6）依据实物量核算的结果，根据后面内容中价值量核算的方法，开展土地资源资产价值量的核算，并根据上述统计数据中的负债基础数据获得或者开展负债价值的核算。

（7）依据实物量和价值量核算结果，编制土地资源资产负债表。

4.3 核算期土地资源实物资产负债账户核算

4.3.1 土地资源实物资产账户核算

本章节中，本书主要从实物型账户层面入手，通过核算所研究区域在核算期初与期末的各类土地资源资产总量，来逐步构建出张掖市在 2012 ~ 2017 年的研究期间的存量核算表、流量核算表以及最后的综合核算表。

在本书中，主要依照土地利用现状的划分标准，基于实地调研复核考证后的土地资源数据，同时积极利用张掖市国土资源局提供的 2012 ~ 2017 年的分年度土地资源利用现状及各类数据资料，并对八大一级地类的耕地、园地、林地、草地、城镇村及工矿用地、水域及水利设施用地和其他用地，以及其中包含的各类二级地类的变化进行分项统计和计量，通过对二级地类与一级地类的分项交叉与综合，形成相对准确的实物存量账户。

1. 期初实物存量账户

从图 4.1 以及表 4.2 中所显示的 2012 年张掖市土地资源实物量账户，本书得出：草地和其他用地面积占到了张掖市总的土地利用面积的 79.19%，而其他的 6 个一级地类仅占到了所有土地面积的 20.81%。从地类构成上来看，作为一个典型的干旱半干旱区内陆河流域城市，张掖市应该在注重生产的同时，着重将行政的重点再向草地和未利用地这两个地类转移，深入思考如何进一步地保护和利用好草地、未利用地，或者进一步注重生态环境的维护与改善。

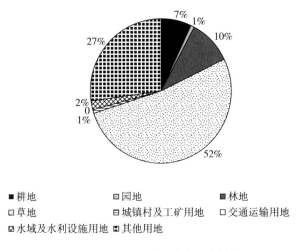

图 4.1　2012 年张掖市各地类构成饼状图

表 4.2　　　　　　　　　　　2012 年张掖市土地资源实物量账户

土地资源类型	民乐县	肃南县	高台县	临泽县	甘州区	山丹县	山丹马场	面积（公顷）	土地利用结构占比（％）
耕地	62611.11	8965.29	28296.97	25128.48	66418.76	40848.67	22325.40	254594.61	6.60
园地	3927.65	122.14	4854.75	7145.26	9354.48	1882.52	0.00	27286.8	0.71
林地	20477.43	247145.89	10355.38	10022.16	10599.25	29292.74	45302.43	373195.2	9.67
草地	72601.89	1293465.22	167933.55	61023.21	133334.35	185885.37	107286.60	2021530.11	52.38
城镇村及工矿用地	8264.18	2753.88	7612.17	5653.07	11457.40	6247.71	785.13	42773.55	1.11
交通运输用地	1500.59	500.04	1382.20	1026.47	2080.41	1134.44	142.56	7766.71	0.20
水域及水利设施用地	2678.45	68762.39	9207.01	5958.08	8728.38	1173.02	979.82	97487.15	2.53
其他用地	6243.42	250724.78	336016.11	285657.23	136580.51	0.00	19370.66	1034591.84	26.81
合计								3859225.96	100

同时，受气候条件及水资源的制约和影响，与人类活动最为紧密的耕地、园地，在张掖市则仅分别占到了土地利用总面积的 6.60％ 和 0.71％，而城镇工矿、交通运输、水域及水利设施这三类用地也分别只占到了土地利用总面积的 1.11％、0.20％、2.53％。单纯从面积上讲，人类在该区域的活动，以及对该区域的影响范围是相对局限的。近几年，人地矛盾主要集中在农用地和建设用地的争夺上，下面本书将重点针对此类情况开展分析。

单独就耕地而言，张掖市 2012 年度国土资源公报显示：张掖市耕地总面积 2545994.61 公顷，其中，灌溉水田 1933.45 公顷，占全市耕地总面积的 0.76％；水浇地 188355.43 公顷，占全市耕地总面积的 73.98％；旱地 64306.15 公顷，占全市耕地总面积的 25.26％。

耕地集中分布在甘州区、民乐县、山丹县、临泽县和高台县，分别占到了全市耕地总面积24.71%、7.61%、9.98%、27.17%、26.36%。肃南县则主要分布着草地，耕地仅占到了全市耕地总面积的4.17%。张掖市全市人均耕地约为2.90亩，耕地资源总量大，分布不均匀。山丹县、民乐县和肃南县没有灌溉水田，旱地占耕地面积总量较大，耕地构成较其他县区较为单一，具体如表4.3所示。

表4.3 2012年全市耕地资源区域分布

土地类别（公顷）	张掖市	甘州区	临泽县	高台县	山丹县	民乐县	肃南县
灌溉水田	1911.45	1650.87	234.74	25.84	—	—	—
水浇地	188468.89	59304.32	19285.03	25369.41	31897.8	46353.9	6258.43
旱地	64214.27	1846.26	—	—	37277.41	20748.24	4342.36
合计	255080.16	63053.45	19625.77	25489.25	69205.21	67105.14	10601.34

注："—"表示无实物量数据。

同时，张掖市2012年国土资源公报显示（张掖市统计局，2012），2012年张掖市安排各类建设项目用地面积989.58公顷，占用农用地面积638.79公顷，占用原有建设用地面积110.54公顷。此外，全年完成农村建新面积1515亩，其中占用农用地1504.44亩（耕地1380.55亩），复垦农用地691.5亩（耕地691.5亩）。

2. 核算期实物存量账户

2017年，张掖市占比最高的仍是草地和其他土地。相较2012年，其中草地占比上升了2.26%，未利用地占比则下降了-8.00%，其他的地类占比增幅比较明显的分别是：耕地占比上升了2.60%；水域及水利设施占比上升了1.75%；林地占比上升了1.24%；交通运输用地占比上升了0.51%。各个地类的具体结构如表4.4和图4.2所示。

表 4.4				2017 年张掖市土地资源实物量账户					
土地资源类型	民乐县	肃南县	高台县	临泽县	甘州区	山丹县	山丹马场	面积（公顷）	土地利用结构占比（%）
耕地	87260.44	12494.83	39437.19	35021.29	92567.12	56930.36	31114.67	354825.81	9.19
园地	1038.35	32.29	1283.45	1888.99	2473.04	497.68	0.00	7213.81	0.19
林地	23104.78	278855.90	11684.03	11308.06	11959.18	33051.14	51114.95	421077.94	10.91
草地	75739.88	1349371.33	175191.97	63660.75	139097.32	193919.71	111923.74	2108904.62	54.65
城镇村及工矿用地	9372.45	3123.18	8633.00	6411.17	12993.89	7085.56	890.43	48509.69	1.26
交通运输用地	5309.57	1769.31	4890.67	3631.98	7361.15	4014.03	504.43	27481.14	0.71
水域及水利设施用地	4536.09	116452.59	15592.54	10090.31	14781.95	1986.57	1659.37	165099.42	4.28
其他用地	4381.20	175941.20	235792.71	200454.36	95842.70	0.00	13592.98	726004.53	18.81
合计								3859225.96	100

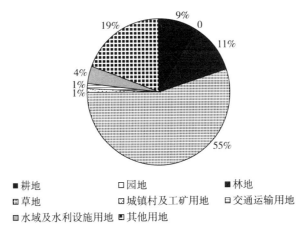

图 4.2　2017 年张掖市各地类构成饼状图

单就耕地而言，张掖市耕地总面积 354825.81 公顷，其中水田面积 1149.17 公顷，占张掖市耕地总面积的 0.34%；水浇地面积 297552.56 公顷，占张掖市耕地总面积的 83.86%；旱地面积 26079.08 公顷，占张掖市耕地总面积的 15.8%，具体如表 4.5 所示。

表 4.5 2017 年全市耕地资源区域分布

土地类别（公顷）	张掖市	甘州区	临泽县	高台县	山丹县	民乐县	肃南县	山丹马场
水田	1194.17	1087.88	87.97	18.32	—	—	—	—
水浇地	297552.56	90329.08	35144.74	39724.93	38086.5	73568.59	12344.37	8354.35
旱地	56079.08	1410.04	—	—	6724.94	12864.6	939.26	34140.24
合计	354825.81	92827	35232.71	39743.25	44811.44	86433.19	13283.63	42494.59

注："—"表示无实物量数据。

总体来看，受水域及水利基础设施用地规模扩张的积极影响，研究区域耕地中水浇地的规模逐年上升，旱地规模在逐步缩减。同时也看出，张掖市近几年在水资源的统一调度和管理上确实做到了调度有效、管理协调。在水利基础设施的建设上也进行了卓有成效的管理。

2017 年，张掖市安排了土地整理复垦开发项目 23 个，投资 14535 万元，计划整理开发土地面积 7168.88 公顷，预计可新增耕地面积 441.8 公顷。从审批项目用地类型构成来看，审批未利用地 289.23 公顷，占张掖市审批项目用地的 37%；审批农用地面积 329.39 公顷，占张掖市审批项目用地的 42%；审批建设用地面积 161.1343 公顷，占张掖市审批项目用地的 21%。从用地总量来看，同比减少 33.79%，表明张掖市项目用地呈下降趋势，也说明未来张掖市的发展重点应在现有规模上维持，重点注重区域可持续发展中的生态环境建设和治理。

3. 实物土地资源资产账户编制

结合本书中对于 2012 年和 2017 年两部分土地资源利用变化的上述详细对照，同时开展计算，我们得到表 4.6。2012～2017 年，各个地类的变化幅度还是相对较大的。

表 4.6　　　　　　　　**2012～2017 年张掖市土地资源实物量变化**

土地资源类型	期初（2012 年）（公顷）	期间变化量（公顷）	增幅（%）	期末（2017 年）（公顷）
耕地	254594.61	100231.2	39.37	354825.81
园地	27286.80	-20072.99	-73.56	7213.81
林地	373195.20	47882.74	12.83	421077.94
草地	2021530.11	87374.51	4.32	2108904.62
城镇村及工矿用地	42773.55	5736.14	13.41	48509.69
交通运输用地	7766.71	19714.43	253.83	27481.14
水域及水利设施用地	97487.15	67612.27	69.36	165099.42
其他用地	1034591.84	-308587.31	-29.83	726004.53
合计	3859225.96	——	——	3859225.96

注："—"表示无实物量数据。

根据表 4.6 可知，研究期间变化最为显著的是交通运输用地，增幅高达 253.83%；第二是水域及水利设施用地，增幅达到了 69.36%；第三是耕地资源，增幅达到了 39.37%；第四是林地，增幅达到了 12.83%；第五和第六是城镇村及工矿用地和草地，分别达到 13.41%、4.32%。而园地和其他土地呈现了负增长。具体原因，将在本章的最后统一予以分析。

4.3.2　核算期土地资源实物负债账户核算

依据第 3 章内容，从大类上，本书将土地资源负债大致划分成了两个层次：第一层次为土地资源的资源耗减负债，是人类在土地资源的开发利用过程中，所造成的各地类间相互转换而产生的土地资源（价值）损耗；第二层次为土地资源环境损害的负债，通俗地讲，是由于人类活动或者自然原因引起或造成的土地资源环境损害实物量及其价值量的相应变化，在本书中就是人类为了治理土地问题、使土地资源未来增值等各种行为而支付的费用。

其中，需要注意的是：第一，土地资源负债一定是现实负债义务，必须是已发生不当行为引起的；第二，必须是可以用货币为单位来进行计量的；第三，利用土地资源过程中，自然或人为因素造成的土地资源损失，抑或是为土地资源未来价值的提升所支付的代价。

1. 环境损害负债实物量账户

根据第 3 章以及前面所述关于负债指标体系的建立及其分析，得知：土地资源负债账户的终极目的就是能够准确核算土地开发利用过程中所产生的或者导致的资源损耗及环境损害损耗。因而，在土地资源的负债账户中，应包括可以反映土地资源损失及破坏的实物量核算表。基于第 3 章论述，实物负债表编制具体如表 4.7 所示。

表 4.7　　　2012 年和 2017 年土地资源环境损害负债实物量账户表

土地资源环境损害负债指标		2012 年（吨/公顷）	期间变化量（吨/公顷）	2017 年（吨/公顷）
土地污染	工业固废	—	—	—
	生活垃圾	440774.03	7920.47	448694.50
水土保持治理		—	—	—
土地肥力改良	化肥施用量	318346.61	9301.06	327647.67
灾害整治		—	—	—
土地整治与整理		4740.01	2428.87	7168.88
矿山治理		—	—	—
违建用地整治		—	—	—

注："—"表示无实物量数据。

表 4.7 中，有些要素，生活垃圾吨数、灾害整治面积、矿山治理面积等可能通过实物量数据和价值量来分别统计，而有些要素，则只能通过价值量来计量。在表 4.7 土地资源环境损害负债实物量账户中，通过统计查询到的数据 2012 年与 2017 年生活垃圾分别是 44.07 万吨、44.87 万吨，其间变化的存量增加了约 0.8 万吨，总体上看，张掖市的生活垃圾量维持在 44 + 万吨的水平。化肥施用量规模每年在 32 万吨左右，土地整治与整理的公顷规模数量则受财政核拨的影响，呈现一定的规模不确定性。

2. 资源耗减负债实物量账户

基于土地资源耗减，即各类土地资源间的转换，本书根据第 2 章所列出的土地资源 2012 ~ 2017 年各个地类分类情况，同时依据前文中的公式 3.1 开展了核算。通过计算与统计，按照 2012 ~ 2017 年所有单年度的土地利用存量信息表格，将各个部门统计口径与数据中所有地类的相互转移以及置换数据、各个地类间的土地资源流向流量信息，构建出各个年度的地类转移情况，形成 2012 ~ 2017 年的张掖市年度土地资源变化矩阵（见表 4.8 ~ 表 4.13）。

表 4.8　土地资源实物量变更矩阵（2012~2013 年）

单位：公顷

土地资源类型	耕地	园地	林地	草地	城镇村及工矿用地	交通运输用地	水域及水利设施用地	其他用地	总计
耕地	254123.65	6.53	1.25	0.36	429.48	17.68	1.32	14.34	254594.61
园地	18.39	27169.35	0.67	1.32	15.23	21.54	0.89	59.41	27286.80
林地	1.67	28.53	373026.75	15.43	22.54	3.37	0.00	96.91	373195.20
草地	10.37	0.15	1.47	2020469.54	39.59	39.53	3.24	966.22	2021530.11
城镇村及工矿用地	12.23	1.53	4.73	17.48	42507.83	18.69	0.63	210.43	42773.55
交通运输用地	0.34	0.00	0.13	0.51	0.72	7641.43	0.56	124.00	7766.71
水域及水利设施用地	0.00	0.00	0.00	4.86	1.81	2.98	97357.26	120.24	97487.15
其他用地	913.51	17.46	109.88	27.23	942.29	119.00	4.00	1032457.49	1034591.84
总计	255080.16	27223.55	373144.88	2020536.73	43959.49	7864.22	97367.90	1034049.03	3859225.96

表 4.9　土地资源实物量变更矩阵（2013~2014 年）

单位：公顷

土地资源类型	耕地	园地	林地	草地	城镇村及工矿用地	交通运输用地	水域及水利设施用地	其他用地	总计
耕地	254678.69	7.18	1.47	0.41	290.00	16.21	1.18	85.02	255080.16
园地	14.25	27109.25	0.88	1.17	9.13	16.89	0.67	71.31	27223.55
林地	1.91	26.17	373011.44	15.43	19.66	4.18	0.00	66.09	373144.88
草地	11.23	0.15	1.47	2019171.34	28.59	37.19	4.12	1282.64	2020536.73

续表

土地资源类型	耕地	园地	林地	草地	城镇村及工矿用地	交通运输用地	水域及水利设施用地	其他用地	总计
城镇村及工矿用地	11.64	1.87	5.29	12.39	43879.26	10.51	0.33	38.20	43959.49
交通运输用地	0.51	0.00	1.38	0.77	1.04	7714.27	0.56	148.35	7864.22
水域及水利设施用地	0.00	0.00	0.00	5.72	1.62	0.76	97189.16	170.64	97367.90
其他用地	922.25	56.51	43.81	39.55	1125.81	382.42	36.63	1031439.39	1034049.03
总计	255640.48	27201.13	373065.74	2019246.78	45355.11	8182.43	97232.65	1033301.64	3859225.96

表 4.10　土地资源实物量变更矩阵（2014～2015 年）

单位：公顷

土地资源类型	耕地	园地	林地	草地	城镇村及工矿用地	交通运输用地	水域及水利设施用地	其他用地	总计
耕地	254678.69	7.23	1.15	0.53	340.00	17.42	1.09	594.37	255640.48
园地	19930.17	7107.34	0.94	1.33	11.53	17.11	0.71	132.00	27201.13
林地	1.36	28.15	372911.44	15.43	21.33	4.57	0.00	83.46	373065.74
草地	11.01	0.12	1.36	2019171.34	22.61	29.16	3.15	8.03	2019246.78
城镇村及工矿用地	13.84	1.69	4.12	10.68	45278.47	11.67	0.28	34.36	45355.11
交通运输用地	0.16	0.00	0.54	0.73	1.15	8036.27	0.19	144.82	8182.43
水域及水利设施用地	0.00	0.00	0.00	4.37	1.14	0.68	97211.91	14.55	97232.65
其他用地	78801.11	114.06	48287.98	90955.59	1049.37	18634.24	68174.55	727283.23	1033301.64
总计	353436.34	7258.59	421207.53	2110160.00	46725.60	26751.12	165391.88	728294.82	3859225.96

表 4.11　土地资源实物量变更矩阵（2015～2016 年）

单位：公顷

土地资源类型	耕地	园地	林地	草地	城镇村及工矿用地	交通运输用地	水域及水利设施用地	其他用地	总计
耕地	353159.21	5.63	1.75	0.28	227.00	17.34	1.74	23.39	353436.34
园地	9.63	7169.51	0.91	1.64	28.89	19.26	0.51	28.24	7258.59
林地	1.78	22.46	421063.12	17.88	33.26	5.43	0.00	63.60	421207.53
草地	16.35	0.21	1.17	2109380.45	30.85	29.11	1.85	700.01	2110160.00
城镇村及工矿用地	11.89	2.13	3.62	12.62	46521.14	13.47	0.36	160.37	46725.60
交通运输用地	0.32	0.00	0.32	0.86	1.03	26367.15	0.17	382.77	26751.12
水域及水利设施用地	0.00	0.00	0.00	5.11	1.76	0.79	165109.73	274.49	165391.88
其他用地	899.14	22.24	83.39	210.76	753.82	559.10	93.53	725572.42	728294.82
总计	354098.32	7222.18	421154.28	2109629.60	47597.75	27011.65	165207.89	727205.29	3859225.96

表 4.12　土地资源实物量变更矩阵（2016～2017 年）

单位：公顷

土地资源类型	耕地	园地	林地	草地	城镇村及工矿用地	交通运输用地	水域及水利设施用地	其他用地	总计
耕地	353726.11	4.89	1.29	0.33	283.00	23.07	1.79	57.84	354098.32
园地	6.17	7083.47	1.15	2.15	27.65	22.14	0.76	78.69	7222.18
林地	1.32	23.18	421017.83	19.67	31.24	6.03	0.00	55.01	421154.28
草地	17.84	0.27	1.17	2108731.74	28.63	30.04	2.16	817.75	2109629.60

续表

土地资源类型	耕地	园地	林地	草地	城镇村及工矿用地	交通运输用地	水域及水利设施用地	其他用地	总计
城镇村及工矿用地	13.65	3.15	4.11	14.81	47106.37	15.23	0.52	439.91	47597.75
交通运输用地	0.19	0.00	0.28	0.77	1.44	26735.21	0.24	274.76	27011.65
水域及水利设施用地	0.00	0.00	0.00	6.01	2.16	1.14	165003.41	195.17	165207.89
其他用地	1060.53	98.85	52.11	129.14	1029.20	648.28	90.54	724085.40	727205.29
总计	354825.81	7213.81	421077.94	2108904.62	48509.69	27481.14	165099.42	726004.53	3859225.96

表 4.13　土地资源实物量变更矩阵（2012～2017 年）

单位：公顷

土地资源类型	耕地	园地	林地	草地	城镇村及工矿用地	交通运输用地	水域及水利设施用地	其他用地	总计
耕地	252991.06	0	0	0	1506.23	90.2	7.12	0	254594.61
园地	19947.15	7089.87	0	6.71	82.06	96.94	3.54	60.53	27286.8
林地	1.13	123.94	372865.84	77.2	106.16	20.93	0	0	373195.2
草地	64.89	0	0	2021221.54	82.29	161.39	0	0	2021530.11
城镇村及工矿用地	0	0	0	0	42709.36	64.19	0	0	42773.55
交通运输用地	0	0	0	0	0	7766.71	0	0	7766.71
水域及水利设施用地	0	0	0	11.55	6.37	4.63	97464.6	0	97487.15
其他用地	81821.58	0	48212.1	87587.62	4017.22	19276.15	67624.16	726053.01	1034591.84
总计	354825.81	7213.81	421077.94	2108904.62	48509.69	27481.14	165099.42	726113.53	3859225.96

本书主要依据张掖市国土资源部门所提供的 2012～2017 年土地资源总体利用数据，同时参考高分解译和实地调研数据，通过各个地县国土资源部门记录的年度土地资源变动情况表，开展不同地类之间的流向和流量的比对分析，更进一步科学、细致、准确地统计和反映出年度之间各地类之间的来源、去向以及变化的面积数量，构建出年度之间的土地资源变化矩阵，即形成张掖市 2012～2017 年这一研究期间，各个年度间的土地资源实物量变更矩阵，以及研究区间总体的土地资源实物量变更矩阵，具体可见表 4.8～表 4.13。与此同时，上述土地资源实物量变更矩阵，实际上也是后期开展土地资源负债价值中价值耗减核算的前提和基础。

在表 4.8～表 4.13 中，变化矩阵在 2015 年前后出现了较为强烈的变动，究其原因，主要在于：第一，地类统计口径的变化，山丹马场的数据，特别是其耕地数据进入了报表，此前山丹马场的土地资源均被视为草地来统计和衡量。第二，种植结构的调整，耕地、园地的重新分类与规整，园地大部分的类型都划归了耕地。第三，交通运输与水利设施用地规模上升，2015 年前后，高铁建设的推进、乡村道路拓宽、河道水渠新建等政策落地实施，用地规模急速上升，及时地反映在 2015 年的数据中。实际上，所有的变动和调整都切实地反映了土地资源的实际利用变化，以及地方政府在土地资源利用相关政策上的调整，能将区域土地资源利用上存在的问题更明显地反映出来。

由此可见，土地资源实物量变更矩阵，实际上更为灵敏地记录了不同地类在各个年度的实际变动情况，更为精准地将国土资源和相关政府部门的各类用地行为与政策反映在数据当中，使我们准确地了解政府部门在不同年度的用地行为和调配政策，客观地掌握研究区域用地政策导向。这对于本书后期开展问题和对策研究有着非常实际、积极的作用。

3. 结果原因分析

在对土地资源开展资产和负债实物量计量后，基于 2012～2017 年张掖市土地资源资产变化情况，本书分析得出：张掖市在此研究期间土地资源资产结构变动向更利于社会经济发展的方向发展。

第一，研究期间的土地利用结构变化中，交通运输用地规模变化最为显著，增幅高达 253.83%。究其原因，主要在于：首先，张掖市是连接中国和欧亚大陆的关键枢纽和咽喉地带，是陆上丝绸之路的必经之地，近年来国家在丝绸之路经济带加大了交通基础设施尤其是高速铁路的建设投入，占用了大量的未利用地以及其他土地资源；其次，得益于国家对于乡村道路的拓宽、硬化及修缮，乡村道路等基础设施得到了极大改善，也使交通用地规模得到了相应扩张；最后，相对于其他地类，交通运输用地基数较小，规模的增加，能显示出极大的增幅。

第二，水域及水利设施用地的变化相对剧烈，增幅为 69.36%。究其原因，主要在于水资源管理的措施得当。首先，近年来，张掖市的水资源管理制度近乎严格，对于水域的保护、圈存力度较大，同时基于水资源开展的水利设施建设规模较大；其次，张掖市也是我国西部的粮食主产区之一，基于农地的各类水利设施，如河道、水渠的新建、修缮，以及相应的田间水利设施升级、优化，都能积极提升区域水资源的利用效率，进而提高粮食产量与生产效益，这在水域及水利设施用地的变化上发挥了积极作用；最后，相对于其他地类，基数较小，增幅较大。

第三，耕地资源用地规模稳步增长，增幅为 39.37%。原因在于：首先，张掖市的分水政策及良好的水资源管理政策措施开始发挥积极的正向作用，可用于农地灌溉的水资源规模稳定并有所增长；其次，种植结构的调整，低耗水作物的种植，以及科学的田间管理和灌溉技术，使同样的水量可以灌溉更多的农田；最后，张掖市具备足够的后备耕地资源，在水资源满足的条件下，能够及时地转化为耕地，开展耕作。

第四，林地规模呈现正常增长状态，增幅为 12.83%。原因在于：首先，"三北"防护林的建设；其次，田间林网的建植；最后，祁连山生态保护的要求以及主体功能区建设中的森林覆盖率相关规划。

对于其他地类而言，草地则呈现出正常范围内的增幅，是自然条件演变的规律性所在，也是生态建设的相关要求；城镇及工矿用地则随着人口增长、工业及社会经济发展，体现出一种和社会经济相适宜的增长；园地和其他用地则呈现出负增长，园地是当地种植结构调整在地类上的表现与趋势，其他用地则反映出张掖市近年来经济社会发展呈现良好势头，进而向未利用地要地的一种现实需求。

2012～2017 年张掖市的土地资源负债变化情况，表明土地资源环境损害负债的实物量要素并没有呈现出改善的趋势，而是呈现出一种稳中有升的态势。这说明，从排放的角度来看，环境损害的实物量并未形成量变，社会各个主体未能真正从源头上对环境损害要素进行控制，抑或生产、生活排放的技术条件还未有真正的革新，亟须政府、企业、公众共同关注和参与，加大整治力度，改善整治观念，形成社会合力，减少实物量的正负债产出，加大负负债投入，向更有利于社会经济发展的方向变动，同时也需要有真正的革命性技术辅助各类排放污染物的处理。

4.4 小　　结

本章基于实物量账户构成的各种理论基础，展开了数据的收集和处理工作，并开展了实际的土地资源实物量资产账户和负债账户的构建，厘清了研究区域在研究期间的各个地类变化及相互转化情况，为土地资源资产和负债价值量后续的价值计量打好了坚实的数据基础。同时，本书根据实物量账户在 2012～2017 年的变化分析认为，张掖市在这一期间土地资源资产整体趋势发展向好，尤其是近年来交通运输用地、水域及水利设施用地、耕地、林地等土地资源都呈现出良好的发展势头；作为实物量的负债而言，要加强合力，减少正负债产出，增加负负债投入，努力使土地资源向良性方向发展。

第5章 土地资源资产负债价值量核算与资产负债表编制

5.1 研究区土地资源资产负债价值核算方法

5.1.1 土地资源资产价值核算方法

现有的市场经济条件下,土地资源作为一种资源,就其对于人类社会的功用而言,也承载着更多的资产功能,大致有经济价值、社会价值以及生态价值三大类。

1. 土地资源经济价值核算方法

在土地资源资产负债表的编制过程中,由于土地资源地类丰富,而各个地类开展价值核算的思路与方法又不尽相同,所以核算过程中,各个地类的价值如何准确计量是开展价值账户编制的关键所在。

就目前而言,具有代表性的统一核算框架下的土地资源核算方法有:以甘肃省祁连山土地资源资产评估为代表的统一年产值方法;以封志明研究团队为代表的标准地价调整的土地资源价值评估方法;以征地补偿核算等为价值统一标准的核算方法。

同时,就单独的地类而言,土地资源价值核算的方法主要包含收益还原法、市场价值法、重置成本法、完全生产价格法、成本费用法、边际机会成本法、基准地价法、条件价值评估法、替代法等(张秀丽,2008)。但是,在上述所有的方法中,由于重置成本法、完全生产价格法、成本费用法、条件价值评估法、边际机会成本法等类似的这些方法,不仅要考虑地租、供求关系、社会投入以及时间等各类社会及经济因素的响应及影响,同时也需要对影响土地价值因素开展细致的分析，评估过程比较复杂，且又难免不够客观，所以基于整个编制与评估过程的可操作性、客观性以及便捷性，一般情况下，利用的是另外几个价值评估模型或方法。根据吕杰等（2012）的研究，土地资源经济价值的核算方案大致如表5.1所示。

表 5.1　　　　　　　　　　土地资源经济价值核算方法汇总

地类	性质	主要核算方法
耕地	营利性用地	收益还原法、完全生产价格法、市场价值法
林地		
园地		
草地		
工矿仓储用地		
商服用地和交通运输用地		
水域及水利设施用地	基础性用地	重置成本法、边际机会成本法、成本费用法
住宅用地	过渡性用地	资产价值法、收益还原法、市场价值法
公共管理与公共服务用地		
特殊用地		
其他土地（盐碱、沼泽、沙地、裸地、空闲地、设施农用地、田坎）	无经济价值用地	

在本书中，受数据收集以及基础数据可获得性的限制，未能采用统一年产值、标准地价调整以及征地补偿核算统一框架所约束的某种方法开展核算，而是对不同地类根据数据的真实性和可获得性，开展独立核算并汇总。

下面本书就各类土地资源经济价值核算及其优先选用的方法进行相关阐述。

（1）耕地、园地、草地的核算方法。在我国西部地区，土地市场的发育相对滞后，很多价格机制仍不完善，尤其是在涉及广大农村土地的时候，交易困难，市场资料相对匮乏，在土地价值的高低绝大程度上取决于土地资源的收益能力。基于此，本书试图将包括耕地、园地、草地等在内的土地收益用还原法来估算。

收益还原法：按照一定的贴现率，通过将待估对象在使用时间内预期的各年客观纯收益折算到估价期内，从而得到估算标的经济价值的一种资产评估方法（王仕菊等，2008）。其计算公式为：

$$v_j = \frac{L_j}{R}\left[1 - \frac{1}{(1 + R)^n}\right] \tag{5.1}$$

式（5.1）中，V_j 是指所开展评估的土地资源经济价值；L_j 是指土地资源每年度总的纯经济收益；R 是指土地贴现率，n 是指土地使用年限。在我国，尽管土地流转在很多地区都已施行并普及，但在西部河西地区，尤其是农村地区，家庭联产承包责任制仍是主要的形式，因而上述公式中的年限 n，在这里假设为无穷大。由此，上述公式简化为：

$$V_j = \frac{L_j}{R} \tag{5.2}$$

根据式（5.2），现在需要确定的是 L_j，即土地资源每年度的纯经济收益及其贴现率 R。土地资源每年度的纯经济收益 L_j（元/年）是指研究区年度各类农地总收益、农业补贴加总并扣除相应投入以后的净值；贴现率 R 则采用OECD（经济合作与发展组织）提出的复合贴现率开展计算，计算得到贴现率约为 4.8%。

农地年总收益指的是农地年产出农产品的产值，主要利用同期的市场价格（元/千克）与研究区正常年份主要粮食作物收成（千克/年）开展计算获得；农业补贴（元/年）则主要包括生产粮食直补、购农机具补贴和优良品种补贴。农业用地的生产投入成本（元/年）是指生产经营活动中，农民为提高农田生产力和肥力所投入的物质成本与人工劳动成本。

（2）城镇村及工矿用地、水域及水利设施用地的经济价值核算方法。张玮等（2017）以上海市某区为例，开展了建设用地资产评估方法研究，同时对研究区实际进行了估算，也给本书的研究提供了可参考的范例，主要思路在于：当前市场经济条件下，城镇用地已经形成了自由交易的市场体系，本书所研究的张掖市也建立了一套相对完善的基准地价、地价动态监测和进行交易的价格体系，本书主要依照政府公开的基准地价、监测地价、交易地价三类常见地价指标开展经济价值核算。

$$A = P \times S = \left[\sum_{i=1}^{n} (P_i \times S_i) / \sum_{i=1}^{n} S_i \right] \times S \tag{5.3}$$

式（5.3）中，A 是指土地资源的资产价值量，P 是指研究区域内同类型土地资源的均价，S 是指区域内同类型土地资源的面积，i 是指第 i 类土地利用类型，i = 1，2，3，…，n。

其一，交通运输用地、水域及水利设施用地，此类用地主要是用于公共基础设施的建设，不可以在市场中开展自由交易。在此，本书积极采用机会成本法，并结合实际的土地估价办法来确定其价值。本书主要利用当地工业用地地价作为参照来开展相关地类的定价参考。

第二，农村居民点用地属于集体建设用地，此类用地的价值核算主要涉及住房保障的相关价值。这里，本书用住户选取新的住宅而放弃集体建设用地可以接受的住房补偿来代替计量。本书中对集体住房保障价值的评估，拟通过城镇最低住房保障政策中的价值体现。公式如下：

$$C_{v1} = 12 \times S_{v1} \times P_{v1} \tag{5.4}$$

式（5.4）中，C_{v1} 是指人均住房年租金补贴，S_{v1} 是指保障性租赁住房的人均面积，P_{v1} 是指单位面积的月租金补贴。假定集体建设用地住宅具备永久使用权利，所以本书选取最长期限国债利率作为租金补贴现值评估的折现利率。公式如下：

$$P_{v2} = \frac{C_{v1}}{r} \times A \tag{5.5}$$

其中，P_{v2} 是指住房保障价值，R 是指折现率，A 是指农村人口的总数。

（3）林地资源资产评估方法。SEEA2012 林地估价中，推荐了市场价格法、净现值法两种方法。由于我国现有林地交易市场不完善，不能够支持此方法实施。所以在本书中，笔者采用了年金资本化开展林地资源价值估算，目的在于利用林地年度净收益对林地资源开展资本化，进而衡量其资产价值（中国森林资源核算研究项目组，2014），其原理与净现值法基本相同。具体公式为：

$$S = \sum_{i=1}^{n} A_i / P \tag{5.6}$$

其中，S 是指林地资源的地价，i 是指第 i 种林地，A_i 是指第 i 种林地类型的年均租金，P 是指资本化率。目前，国内外开展评估的资本化率大多为 2%～3%。在本书中，取平均值 2.5% 作为资本化率。

2. 土地资源社会价值核算方法

作为人类社会一切活动的载体，土地资源同时也承载了诸多的社会价值。国内相关学者对于土地资源社会价值的研究，主要侧重于对农用地资源所开展的社会价值测算研究，也主要侧重于土地资源的社会保障功能方面。

在本书中，笔者基于前人研究（曹志宏等，2009），主要考虑了土地资源对人类社会所提供的旅游休憩和社会保障价值（尚倩倩等，2012），同时将两者的加权价值作为土地资源社会价值的计算来源（王玉奇，2016）。具体为：

$$Es = E_L + E_b \tag{5.7}$$

其中，Es 为土地资源总的社会价值，E_L、E_b 分别表示土地资源的旅游休憩价值、社会保障价值。

对于土地资源旅游休憩价值 E_L 而言，本书采用研究区年度实际产生的综合旅游收入作为其价值的衡量来源。对于土地资源的社会保障价值 E_b 而言，本书则考虑用替代市场法进行测算。传统意义上的农业人口，主要依赖于在包括耕地、园地、林地、牧草地等在内的农业用地上开展生产活动，获得农业收入。从另一种层面来说，农民通过土地资源获得了工作，进而获得了收入，尤其是在本书所开展研究的河西地区，此种情况更为普遍、典型。但是，当代农民的收入中不仅包含农业生产性收入，还包含诸如劳务收入在内的非农业性收入，所以需要在计算时予以修正。在本书中，参考下述公式开展土地资源社会保障价值测算（曹志宏等，2009）：

$$E_b = \frac{(P_1/P_2) \times Z}{L \times R} \tag{5.8}$$

式（5.8）中，E_b 是指土地资源的社会保障价值；P_1 是指农民人均生产性纯收入（元/人）；P_2 是指城镇居民人均可支配收入（元/人）；Z 是指政府给城镇居民提供的失业保险金（元/人）；L 是指人均土地资源面积（公顷/人）；贴现率 R 为 4.8%。

3. 土地资源的生态价值核算

1970 年，在联合国大会上，生态系统服务功能这一概念被首次正式提出。国内外诸多学者便从这一视角出发，开展了大量研究。同时，对于生态系统的各项功能，学者们也有针对性地构造了各类核算指标体系并开展价值量化。

基于生态系统服务功能，罗伯特·科斯坦萨等（Costanza et al.，1997）将其划分出了包括水分调节、气体调节、养分循环等在内的 17 大类生态系统服务功能。综合联合国 SEEA 相关准则与条款内容，国际上将生态系统为人类社会提供的服务分为了包含大气调节、气候调节、干扰调节、水源涵养、侵蚀控制、土壤形成、营养循环、授粉、生物控制、栖息地、基因资源、娱乐和文化等在内的 13 个大类别，同时，根据土地利用类型的不同，将整个土地资源生态系统划分为包含农田—森林—草地—湿地—水域生态系统的五大类（徐丽芬等，2012）。

欧阳志云和谢高地研究团队分别对于生态系统服务功能提出了自己的认识和见解。其中，谢高地研究团队分别在 2005 年和 2015 年制定和修订补充了我国生态系统服务价值当量表。其中需要说明的是，所有计入的生态系统服务功能价值均是生态系统提供的各类型间接服务功能，是属于其固有的、无形的，用于维护生态平衡与稳定的功能价值。而涉及的生态系统产出或提供的原材料、水资源、食物生产以及废物处理等功能，则应归集于土地资源的经济价值、纳污价值或者环境负债中。

研究方法上，意愿调查评估法、成本费用法、参考成果法等都是国内外学者所常用的方法。2015 年，谢高地研究团队在修正后的生态系统服务价值当量表中，进一步结合研究区的单位面积、粮食产量、降水量、社会经济因子等因素对土地资源的生态服务价值中的相关当量因子进一步开展了修正，这在一定程度上缓解和满足了土地资源生态价值动态化的评估核算要求。在本书中，考虑用谢高地的当量因子修正法来开展研究区土地资源生态服务价值核算。

（1）土地资源生态价值功能的构成。在 2015 年修订了我国生态系统服务价值当量表后，谢高地团队开展土地资源生态价值评估的最新研究成果，在一定程度上能够满足动态化评估核算的要求。在本书中，生态服务功能中的食物生产、原料生产功能实际上是隶属于土地资源经济价值的。而土地资源的生态价值，应该是指其无形的、固有的价值，是用来维持土地资源生态平衡以及稳定的功能价值。本书在参考采用千年生态系统评估的基础上，将土地资源的生态价值功能划分为 9 大类，主要包括水资源供给、气体调节、气候调节、净化环境、水文调节、土壤保持、维持水分循环、生物多样性和美学景观，具体如表 5.2 所示。

表 5.2 土地资源生态价值功能汇总

生态系统类型	土地资源生态价值功能								
	供给服务	调节服务		支持服务					文化服务
	水资源供给	气体调节	气候调节	净化环境	水文调节	土壤保持	养分循环	生物多样性	美学景观
农田生态系统	◎	◎	◎	◎	◎	◎	◎	◎	◎
森林生态系统	◎	◎	◎	◎	◎	◎	◎	◎	◎
草地生态系统	◎	◎	◎	◎	◎	◎	◎	◎	◎
城市生态系统		◎		◎	◎	◎		◎	◎
水域生态系统	◎	◎	◎	◎	◎	◎		◎	◎
其他生态系统		◎		◎		◎		◎	◎

（2）单位面积的生态系统服务功能价值基础当量表。单位面积生态系统服务功能价值的基础当量是指，不同类型的生态系统单位面积上的各类功能服务的年均价值当量（简称"基础当量"）。基础当量体现的是不同生态系统涉及的各类生态服务功能在全国基础上的年均价值量，同时，基础当量也是合理表征生态系统服务价值在时间及空间差异及变化的前提和基础。本书以谢高地等（2003，2008）对生态系统服务价值的评价研究为基础，在系统收集、梳理各类已发表的计算功能价值量的研究方法及成果的基础上，积极参考《中国统计年鉴 2011》《中国林业统计年鉴 2010》等公开发表的各类统计文献资料，并基于研究小组改进后的 CASA 模型（朱文泉等，2007），利用2010 年遥感、气象数据计算出了净初级生产力 NPP 的数值，并结合专家经验

方法构建出不同生态系统类型以及不同生态系统服务功能种类价值在全国尺度上的基础当量表格，同时开展了全国尺度生态系统的服务功能价值及其动态变化的综合评估。谢高地研究团队参照如下计算过程得到了基础当量表。

第一，根据《中国统计年鉴 2011》《中国林业统计年鉴 2010》以及《全国农产品成本收益资料汇编 2011》，对生态系统供给功能中相关的原料生产服务等主要统计资料开展了提取以及计算。

第二，开展了单位功能价值量的修正，主要方法是收集文献与资料中可以直接对应的生态系统服务功能价值相关研究结果，并开展加权平均计算，并得出结果与标准当量间的比例，作为某个类型生态系统服务功能的基础当量，例如，对于农田、森林、草地等部分生态系统服务功能价值当量的确定。

第三，依据现有的文献资料开展计算，得到单位面积生态系统的服务功能量以及单位功能的价值量，进而计算得出单位面积服务价值量，并尝试通过与标准当量价值之间的相互比较，得出某个类型生态系统服务功能的基础当量，例如，对于森林、草地、湿地等地类资源的气候调节类功能价值当量因子的确定。

第四，若在生态系统二级分类中没有能够与服务功能价值对应的参照文献资料，则考虑参考一级分类研究结果，并依据二级地类中各个类型的生态系统面积及其生物量展开加权计算，例如，对于部分森林、草地等特殊地类的生态服务功能价值当量的确定。

第五，若在一级分类中仍缺少或者不能对应到相应的服务功能价值的文献资料，且又不能够轻易推算服务的功能价值，例如，对于陆地生态系统而言，则主要依据其与森林生态系统生物量之间的相关比率关系进行推算；对于水域生态系统，则可以参考对于冰川原材料的供给、养分维持、土壤保持、生物多样性等价值当量因子采用专家经验方法来确定和获取。

第六，对于最终计算结果开展整体评价，并重新厘定个别异常指标。例如，在计算研究之后，结合专家经验方法，将湿地美学景观服务价值当量计算结果为标准当量的 29.5 倍调整为森林的 5 倍。

谢高地研究团队得出的单位面积生态系统服务价值当量，如表 5.3 所示。

表5.3　　　　　　　　　　　单位面积生态系统服务价值当量

生态系统分类		供给服务			调节服务				支持服务			文化服务
一级分类	二级分类	食物生产	原料生产	水资源供给	气体调节	气候调节	净化环境	水文调节	土壤保持	养分循环	生物多样性	美学景观
农田	旱地	0.85	0.40	0.02	0.67	0.36	0.10	0.27	1.03	0.12	0.13	0.06
	水田	1.36	0.09	-2.63	1.11	0.57	0.17	2.72	0.01	0.19	0.21	0.09
森林	枕叶	0.22	0.52	0.27	1.70	5.07	1.49	3.34	2.06	0.16	1.88	0.82
	针阔混交	0.31	0.71	0.37	2.35	7.03	1.99	3.51	2.86	0.22	2.60	1.14
	阔叶	0.29	0.66	0.34	2.17	6.50	1.93	4.74	2.65	0.20	2.41	1.06
	灌木	0.19	0.43	0.22	1.41	4.23	1.28	3.35	1.72	0.13	1.57	0.69
草地	草原	0.10	0.14	0.08	0.51	1.34	0.44	0.98	0.62	0.05	0.56	0.25
	灌草丛	0.38	0.56	0.31	1.97	5.21	1.72	3.82	2.40	0.18	2.18	0.96
	草甸	0.22	0.33	0.2	1.14	3.02	1	2.21	1.39	0.11	1.27	0.56
湿地	湿地	0.51	0.50	2.59	1.90	3.60	3.60	24.23	2.31	0.18	7.87	4.73
荒漠	荒漠	0.01	0.03	0.02	0.11	0.10	0.31	0.21	0.13	0.01	0.12	0.05
	裸地	0	0	0	0.02	0	0	0.03	0.02	0	0.02	0.01
水系	水系	0.80	0.23	8.29	0.77	2.29	5.55	102.24	0.93	0.07	2.55	1.89
	冰川积雪	0	0	2.16	0.18	0.54	0.16	7.13	0	0	0.01	0.09

资料来源：笔者根据谢高地团队研究成果绘制。

尽管谢高地团队的研究表明，生态服务功能及其价值量处于不断变化的状态。但是本书中，研究区间仅仅为10～20年的范围，某一区域生态系统在相对短的时间区间内是相对稳定的，因此在本书中暂时不考虑生态当量因子在时间范围内的动态变化，即用构建出的静态当量因子来考虑现在和未来10年的生态服务功能价值量。在本书中，仅考虑对于上述当量因子进行区域性的修正，具体如下文所述。

（3）基于区域实际的当量因子修正方法。在修正中，各个生态系统具体的生态服务功能要积极地与研究区实际的生态以及土地利用情况等相结合，同时对研究期间研究区粮食实际产量、生物量因子以及降水量在不同地类的生态系统服务功能价值的基础当量因子展开区域性的修正。

首先是基于粮食产量的当量因子修正，具体参考徐丽芬等（2012）利用相关研究方法对当量表进行的修正，具体公式如下所示：

$$E_i = \gamma \times E_0 \qquad \gamma = \frac{Q}{Q_m} \qquad Q = \frac{S}{M} \tag{5.9}$$

在式（5.9）中，Q 是指研究区间研究区的单位面积粮食产量；S 是指粮食产量在研究区的年平均值；M 是指耕地的平均面积，γ 是指当量因子的修正系数；Q_m 是指粮食的全国年均单位面积产量；E_i 是指第 i 个地类修正后的当量因子；E_0 是指谢高地研究团队在表 5.3 中得到的同种土地利用类型的当量因子。

其次是基于生物当量因子修正，NPP 用来衡量生物量，在对照研究区及全国森林、草地生态系统单位面积 NPP 基础上，得出相关因子修正系数。依据研究区农田生物量因子开展修正系数调整，得到森林、草地等生态系统在研究区的生物量因子具体调整系数。其计算公式为：

$$B_i = \frac{b_i / b_{io}}{B_f} \tag{5.10}$$

式（5.10）中，B_i 表示研究区第 i 类生态系统生物量因子的调整系数；b_{io} 表示研究区第 i 类生态系统一年单位面积 NPP（克/平方米）；b_i 表示全国第 i 类生态系统年平均单位面积 NPP。B_f 表示研究区的农田生物量因子调整系数。其中，农田生物量因子与调整系数参照谢高地等（2015）的研究成果，森林生态系统生物量因子与调整系数参照赵同谦等（2004）的研究成果，草地生态系统生物量因子与调整系数参照张美玲等（2014）的研究成果，同时考虑其他生态系统对于区域的响应不明显，所以本书中暂不予以考虑，而只在最后形成当量表的基础上通过专家咨询法予以微调。

最后基于降水量的当量因子修正，基于研究区上年单位面积降水量以及与全国单位面积降水量对比，得出降水量的修正系数。计算公式如下：

$$R_i = \frac{W_{ic}}{W_{iQ}} \tag{5.11}$$

式（5.11）中，R_i 表示第 i 年降水量的修正系数；W_{ic} 表示研究区第 i 年单位面积的降水量；W_{iQ} 则是全国第 i 年单位面积的降水量。

（4）生态系统服务价值计算。基于上述原因，本书计算得到研究区的标准当量因子经济价值，同时结合研究区生态系统服务单位面积价值表以及土地利用类型面积，对研究区生态服务价值开展核算和计量。

根据上述修正，研究区的生态系统服务总价值计算公式如下：

$$ESV = \sum_{i=1}^{n} VC_{ik} \times A_k \qquad (5.12)$$

式（5.12）中，ESV 为生态系统服务的总价值；VC_{ik} 代表 k 种土地利用类型 i 种生态功能服务价值；A_k 为 k 类土地利用类型的面积。

5.1.2　土地资源负债价值核算方法

从本书的第 3 章来看，土地资源负债价值核算从大类上大致分为两个层面来开展。

一是资源价值耗减，即在不同地类资源的相互转换中形成的价值差额。如在耕地、园地、林地、草地、水域以及城镇村及工矿用地、交通运输用地等用地相互间转化而产生的各类价值损耗，具体方法参照上述资产价值核算，这里仅对其转换之间的价值损耗予以分别计量和汇总。

二是资源环境损害负债，也就是人类在土地利用过程中，由于各种需要而开展污染治理、环境退化修复等行为，进而产生的一系列费用。具体地讲，就是为了应对环境损害、生态破坏而开展的一系列环境修复性行为的投入，主要依据实际成本支出法对其开展计量和运算。并依据从各个年度政府工作报告、年度财政收支以及从环保、国土等年报信息中实际获得的数据，进行分项统计，集中归纳与综合。

5.2　核算期土地资源资产价值账户核算

5.2.1　各地类资产的经济价值核算

1. 耕地和园地资产价值核算

耕地和园地资产价值采用收益还原法来进行计算，基于张掖市统计局所统计的土地资源类型面积、粮食作物生产数据，同时结合当期的粮食价格，依据计算的单位土地面积的经济利润，确定其粮食生产的价值量。在这里，利用经济合作与发展组织（OECD）所提出的复合贴现率法确定贴现率（胡乃军，2010），具体产量如表 5.4 所示。

表 5.4　　　　　　　　　2012 年和 2017 年土地资源生态价值功能汇总

指标	作物	2012 年		2017 年	
		面积（万亩）	产量（万吨）	面积（万亩）	产量（万吨）
粮食作物	小麦	72.15	29.13	66.24	28.46
	大麦	22.59	7.54	23.94	8.82
	夏杂	10.49	1.92	16.65	4.68
	玉米	118.34	60.39	135.19	74.83
	薯类	44.81	23.76	38.96	20.09
	水稻	0.03	0.03	0.1	0.06
	谷子	1.57	0.37	1.14	0.34
	大豆	0.35	0.25	0.24	0.07
	其他	0.54	0.17	0.92	0.03
经济作物	棉花	4.19	0.51	0.03	0.004
	油料	37.16	4.95	37.58	5.83
	药材	17.39	6.37	26.4	9.31
	蔬菜	32.68	126.83	45.86	178.78
	蔬菜制种	10.6	—	15.48	—
	甜菜	1.12	5.78	2.66	11.45
	瓜类	1.43	23.24	1.29	3.98
	其他	4.57	—	3.34	—
青饲料*	—	14.85		17.43	
附	粮食制种	104.27	—	98.09	—
	玉米制种	99.59	49.67	92.54	50.33

注："—"表示指标名称与作物名称一致或无实物量数据。

表 5.4 的资料来源为 2012～2017 年《张掖市国民经济和社会发展统计公报》，本书价格统一以 2015 年农产品价格口径为基准，同时参考了《全国农产品成本收益资料汇编 2015 年》。根据市场调查以及相关网站数据，同时，配合实地调研数据，获取到了张掖市各类主要农作物的市场价格、种植成本（含各类人力和物资成本，具体如表 5.5 所示）。另外，本书还考虑了土地资源利用中的政府补贴，其是农用地经济价值的重要组成部分，如良种补贴、

粮食直补、农机补贴等。经过网站查询、农业部门调研以及相关文献调研，在这里，可将每亩每年所获得的农业补贴平均为 226 元。

表 5.5 **张掖市各类作物成本调查汇总**

指标	作物	市场价格（斤/元）	人工成本（元/亩）		物资成本（元/亩）					
			家庭用工	雇工	种子	化肥	农药	机耕	燃油	覆膜
粮食作物	小麦	1.31	607.03	21.25	74.47	136.7	10.3	163.37	0.25	
	大麦	—								
	夏杂	—								
	玉米	1.21	1077.39	21.07	66.61	196.48	8.02	196.35	0.89	61.49
	薯类	—								
	水稻	1.47	442.31	58.39	54.24	128.62	50.19	201.3	3.28	31.26
	谷子	—								
	大豆	2.24	197.01	19.72	38.58	48.08	15.9	84.54	0.18	
	其他	9.96	2879.21	50.78	30.14	222.42	14.57	73.88	321.48	34.76
经济作物	棉花	8.07	764.46	216.98	86.3	228.45	22.05	283.59		53.22
	油料	2.99	617.45	62.27	18.83	118.23	13.43	128.3		
	药材	—								
	蔬菜	0.82	1923.69	461.36	146.59	436.8	106.78	142.73	22.74	154.17
	蔬菜制种									
	甜菜	0.23	394.47	242.70	91.13	186.77	19.36	213.73	3.4	27.86
	瓜果类	2.66	5244.16	254.31	—	518.05	186.31	108.41	26.42	31.14
	其他	—								

注："—"表示无实物量数据。

根据表 5.4 和表 5.5 的相关统计数据，以及公式（5.1）与公式（5.2）计算，本书得到张掖市耕地与园地在 2012 年与 2017 年分别的经济价值总量，如表 5.6 所示。2012 年与 2017 年，张掖市的耕地价值分别是 260066.91 万元、362530.07 万元；对应的园地价值分别是 5031.83 万元、1327.68 万元。

表 5.6　　　　　　　　2012 年和 2017 年张掖市耕地园地经济价值量核算

土地利用类型	2012 年		2017 年	
	实物量（公顷）	价值量（万元）	实物量（公顷）	价值量（万元）
耕地	254594.61	260066.91	354825.81	362530.07
园地	27286.80	5031.83	7213.81	1327.68

2. 草地资产价值核算

张掖市地处祁连山和黑河的生态功能保护区，诸多行政辖区内的地域均属于生态红线的划定区域，草地构成也主要是天然牧草和其他草地，人工草地较少。在本书中，对于草地的经济价值，主要以王启基等（2005）对草地各类生态经济效益的研究结果为蓝本和参照，依据其研究结果，草地的年均纯收入为每公顷 832～1528 元，在本书中，按照这一范围的平均值每公顷 1180 元对草地经济价值开展估算。

在此基础上，沿用耕地、园地价值核算中所采用的收益还原法，即公式（5.1）与公式（5.2）开展相关核算。经核算，如表 5.7 所示，2012～2017 年，张掖市草地资源资产经济价值分别为 4969572.08 万元和 5182857.94 万元。

表 5.7　　　　　　　　2012 年和 2017 年张掖市草地经济价值量核算

土地利用类型	2012 年		2017 年	
	实物量（公顷）	价值量（万元）	实物量（公顷）	价值量（万元）
草地	2021530.11	4969572.08	2108904.62	518285.94

3. 林地资源存量价值计算

在本书中，主要利用"中国森林资源核算研究"中的实际调研数据，作为张掖市林地价格的参考来源，这一实际调研数据来自除中国港澳台地区外的全国各个地区实际调查数据，并经综合统计、分析、修正与计算而得到，利用公式资产完全重置成本 ＝历史成本×（1＋适用物价指数增长率），参考甘肃省 2012～2017 年的林产品价格指数（无数据的用全国均数代替），得出甘肃省的林地综合价为 25514.16 元每公顷，此数值能较好地反映甘肃省林地资产当前的市场情况。本书便以此为基础开展林地资产价值的核算。

经计算，2012 年和 2017 年张掖市林地价值量如表 5.8 所示，分别达到了 952176.21 万元和 1074345.00 万元。

表 5.8 　　　　　　　　　　　2012 年和 2017 年张掖市林地经济价值量核算

土地利用类型	2012 年		2017 年	
	实物量（公顷）	价值量（万元）	实物量（公顷）	价值量（万元）
林地	373195.20	952176.21	421077.94	1074345.00

4. 城镇村及工矿用地的资产价值核算

当前，我国的大部分城镇都已经建立了相对完善齐全的城市地价交易体系。所以，张掖市的城镇村及工矿用地的地类所包含的二级地类中，各个地类核算都需要独立开展调研与核算。

首先是建制镇，在本书中，依据张掖市以及其各个地县所发布的基准、挂牌地价，以及自然资源局所发布出的招标—挂牌—交易地价结果作为参照标准，据前文中所述公式（5.3）开展计算，得出张掖市建制镇地类用地的平均价格是每平方米 273.05 元，工业用地平均价格则为每平方米 147.33 元，同时，风景名胜及特殊用地相应来讲，其机会成本估算困难，参照工业用地的价格来开展计算。

同时，村庄即农村居民点用地作为城镇村及工矿用地的重要组成部分，保障了农村居民居有定所，从价值层面来讲，发挥了住房保障价值，由于缺乏相关的村庄保障价值的计算研究，在这里，参考公租房的租金补贴来计算评估住房保障价值。在本书中，参照甘肃省以及张掖市相关的平均租住公租房的实例，经计算，张掖市公租房人均年住房租金为 363.27 元。

为了将最后的计算结果转化为可比较的价值数据，在这里，采用 2015 年中国国债最高票面利率 5.32%，作为可参考的折算率。同时，以 2015 年张掖市农村人口数 70.52 万人为基准，通过公式（5.4）与公式（5.5）开展计算，得出 2015 年村庄资产核算价值为 33.18 万元/公顷，对应 2012 年和 2017 年村庄（农村居民点）资产价值核算分别为 827749.38 万元、954121.32 万元。

通过计算，如表 5.9 所示，得到 2012 年和 2017 年的张掖市城市及建制镇的资产价值核算分别为 832555.09 万元、1080105.52 万元、983134.30 万元和 1267338.86 万元；工业用地的资产价值核算分别为：采矿用地，2012 年对应价值 1001090.45 万元，2017 年对应价值 1149319.24 万元；风景名胜及特殊用地对应 2012 年、2017 年分别的价值是 593242.39 万元、634701.73 万元，整个城镇村及工矿用地的资产价值的核算分别对应 2012 年、2017 年的价值是 4334742.84 万元、4988615.45 万元。

表 5.9　　　　　　2012 年和 2017 年张掖市城镇及工矿用地经济价值量核算

土地利用类型	2012 年		2017 年	
	实物量（公顷）	价值量（万元）	实物量（公顷）	价值量（万元）
城市	3049.09	832555.09	3600.57	983134.30
建制镇	3955.71	1080105.52	4641.42	1267338.86
村庄	24947.24	827749.38	28755.92	954121.32
采矿用地	6794.89	1001090.45	7800.99	1149319.24
风景名胜及特殊用地	4026.62	593242.39	4308.03	634701.73
合计	42773.55	4334742.83	48509.69	4988615.45

5. 交通运输用地、水域及水利设施用地的资产价值核算

交通运输用地、水域及水利设施用地都隶属于基础设施用地的范畴，在本书中，沿用张掖市工业用地的地价作为标准和参考来估算其相关资产价值。

经计算，如表 5.10 所示，在 2012 年、2017 年，张掖市的交通运输用地的资产价值分别达到 1144268.59 万元、4048793.55 万元；水域及水利设施用地的资产价值 14362771.86 万元、24324080.69 万元。

表 5.10　　　　　2012 年和 2017 年张掖市交通运输用地及水域

及水利设施用地经济价值量核算

土地利用类型	2012 年		2017 年	
	实物量（公顷）	价值量（万元）	实物量（公顷）	价值量（万元）
交通运输用地	7766.71	1144268.59	27481.14	4048793.55
水域及水利设施用地	97487.15	14362771.86	165099.42	24324080.69

5.2.2 各地类资产的社会价值核算

1. 土地资源资产社会保障价值中的就业保障价值核算

张掖市的农业人口中，农民的传统职业是以务农为生，所研究的耕地、园地、草地、林地等一系列的地类都直接或者间接地为农民提供了就业保障。依据张掖市国民经济公报以及国土资源部门的土地资源数据，张掖市农村人口人均可产生收入的土地面积，在 2012 年和 2017 年分别是 0.37 公顷/人、0.54 公顷/人，农村居民人均可支配收入中的家庭经营收入分别为 5811 元/人、6756 元/人，而城镇居民在 2012 年与 2017 年的人均可支配收入分别达到了 14395 元、23309 元。

同时，根据甘肃省人民政府关于调整全省最低工资标准的通知，甘肃省最低工资标准内分为四个等级，张掖市除甘州区隶属于第三等级，其他地县均属于第四类指导线。同时，2010~2017 年的几次调整，分别的最低工资标准如表 5.11 所示。

表 5.11　　　2010~2017 年甘肃省三四类地区历年最低工资标准指导线

最低工资	2010 年	2012 年	2013 年	2014 年	2015 年	2017 年
三类地区（元）	670	900	1080	1250	1370	1520
四类地区（元）	630	860	1020	1200	1320	1470

依据表 5.11 中的数据，按照甘州区与各地县人口比例计算，得出张掖市统一的最低工资标准分别为：2012 年为 649.62 元/月，2017 年为 1494.53 元/月，同时根据人力资源和社会保障部、财政部印发的《关于调整失业保险金标准的指导意见》，指出人力资源和社会保障部"逐步将失业保险金标准提高到最低工资标准的 90%"[1]。由此，计算得出，政府为居民个人提供的失业保险金，在 2012 年和 2017 年分别是 584.66 元/月、1345.08 元/月。

---

[1]　新华社.失业保险金标准将逐步提高到最低工资标准的 90% ［EB/OL］.北京：中国保险网，http：//insurance.jrj.com.cn/2017/09/27032727628935.shtml，2017 – 09 – 27.

基于上述数据，按照公式（5.8）开展计算，并加总张掖市两个年度分别支出的失业救济金 0.14 亿元、0.27 亿元，得出张掖市土地资源的社会保障价值在 2012 年以及 2017 年分别为 127.45 亿元、150.02 亿元的结论，如表 5.12 所示。

表 5.12　　　　　　2012 年和 2017 年张掖市土地资源社会保障价值量核算

社会保障价值	2012 年	2017 年
就业保障价值（亿元）	127.45	150.02
旅游休憩价值（亿元）	27.10	157.30
总计（亿元）	154.55	307.32

2. 土地资源资产的社会保障价值中的旅游休憩价值核算

土地资源资产社会保障价值中的旅游休憩价值，因为有张掖市国民经济公报中相关旅游收入数据支撑，采用了能直接反映旅游收入实际价值的旅游收入法开展统计与核算。本书收集了张掖市 2012 年和 2017 年张掖市各类旅游相关数据，根据这些数据，张掖市在 2012 年以及 2017 年共接待游客 521.9 万人次、2599 万人次，旅游综合收入即游憩价值分别为 27.1 亿元、157.3 亿元。

根据对于就业保障以及旅游休息价值分别的价值核算，本书进一步得到了 2012 年、2017 年的土地资源社会保障价值量，如表 5.12 所示，上述两个年度张掖市土地资源社会保障价值量分别为 154.55 亿元和 307.32 亿元。

5.2.3　各地类资产的生态服务价值核算

根据前文中对于张掖市土地资源资产生态价值核算的相关方法，本书首先对照谢高地在 2015 年提出的生态服务价值当量表，依据张掖市的区域实际特征，开展基于张掖市实际自然环境、社会经济特征及其他实际数据的生态服务价值当量修正与计算，以便能更为客观、真实地反映出张掖市土地资源资产生态价值的实际情况，并积极开展后续的资产负债价值定量核算与研究。

第一，开展基于粮食产量的修正。根据表 5.13 的基础数据统计及计算结果，2012～2017 年，张掖市的单位粮食种植面积对应的产量为 4.78 吨/公顷，对照统计年度全国的该指标为 5.49 吨/公顷，利用公式（5.9），得到基于粮食产量的修正因子系数（r）为 0.87，也即当量因子 $E_i = 0.87E$。

表 5.13 张掖市 2012～2017 年粮食播种面积及产量

年份	张掖市		全国	
	粮食作物面积（公顷）	总产量（吨）	粮食作物面积（千公顷）	总产量（万吨）
2012	263240.01	1235544.00	114368.04	61222.62
2013	271606.68	1280389.40	115907.54	63048.2
2014	274946.68	1326173.80	117455.18	63964.83
2015	281293.35	1355004.10	118962.81	66060.27
2016	286666.68	1387916.60	119230.06	66043.51
2017	288966.68	1376389.80	117989.06	66160.72

资料来源：2012～2017 年《张掖市统计年鉴》《中国统计年鉴》。

第二，开展基于生物量因子当量的修正。针对农田生态系统的生物量因子，本书主要依据的是前文介绍的谢高地等在对中国粮食生产的生态服务价值相关研究结果中获取到的基于不同省份的农田生态系统的生物量因子当量表。张掖市农田生态系统的生物量基本代表着甘肃省的水平，所以，本书确定用甘肃省总体的农田生态系统生物量因子系数，作为张掖市的农田生态系统生物量因子。

针对我国森林生态系统服务功能研究，同时在其系统的价值评价中，赵同谦等（2004）得出全国森林单位面积的生态系统年平均 NPP 值为 13.40 吨/公顷，依据其价值评价方法，得到张掖市的单位面积草地生态系统一年的值为 11.28 吨/公顷。

对于草地的净初级生产力，根据前文方法描述的张美玲等（2014）计算出的中国不同区域草地类型的 NPP 表，计算得出全国单位面积的草地生态系统的年平均 NPP 值为 809.40 克/平方米·年；依据此表以及其计算方法，结合张掖市的草地特征，计算得到张掖市草地生态系统单位面积年度 NPP 值为 731.18 克/平方米·年。

依据前文中的公式（5.10），计算出张掖市森林生态系统的生物量因子系数可以调整为 1.08；草地生态系统生物量因子系数调整为 1.03；农田生态系统的生物量因子系数调整为 0.98。

第三，开展基于降水量因子当量的修正。2012～2017 年，基于《中国气象公报》《张掖市国民经济公报》、国家统计局网站的数据信息，中国年均降水量为 685.65 毫米、张掖市的年均降水量 2012 年为 214.2 毫米、2017 年为 250.2 毫米，平均降水量 233.41 毫米，通过平均降水量以及单位面积降水量，同时根据前文中的公式（5.11），得出其年降水量的修正系数（R）确定为 0.34。

下面本书将根据谢高地得出的中国不同生态系统生物当量价值表，结合上述张掖市在研究时段的生态系统服务相关价值模型得出的粮食量因子、生物量因子以及降水量因子，在参考专家咨询实际的基础上，根据张掖市土地利用的实际开展修正。依据谢高地等对于土地生态系统类型的区分，本书将张掖市的各种地类、土地利用方式、生态条件及其覆被进行对照分类，大致可分为耕地、林地、草地、园地、水域和荒漠生态系统六大类。

根据 2012 年的土地利用分类，依据前文中的生态系统分类，张掖市的土地分类中草地属于中高度覆盖，基本可以与我国的生态服务价值当量表内的草原相对应；林地主要包含用材林、经济林、防护林等成片林地，依据张掖市的林地实际，本书采取针阔混交和阔叶林生态价值当量的平均值作为张掖市林地生态服务价值当量；园地隶属于经济性林地，受人类经济活动影响较大，在参照相关文献的基础上，同时参照林地当量与耕地当量，并结合张掖市园地利用实际以及野外调查来确定其价值当量；水域的当量值仍旧参考我国的取值；同时考虑到，供给服务中，粮食供给以及原料生产两个服务功能已经在经济价值中予以计算，在表 5.14 中，对于此两种服务功能不予以重复计算。在上述基础上，本书结合各类当量因子修正系数或方法得到了张掖市的生态服务价值当量因子表，如表 5.14 所示。

表 5.14 张掖市单位面积生态系统服务价值当量

生态系统分类	土地资源分类		供给服务	调节服务				支持服务			文化服务
	一级地类	二级地类	水资源供给	气体调节	气候调节	净化环境	水文调节	土壤保持	维持养分循环	生物多样性	美学景观
农田	耕地	旱地	0.02	1.02	0.57	0.13	0.31	1.73	0.27	0.23	0.11
		水浇地	-1.27	0.87	0.48	0.14	0.35	1.78	0.21	0.18	0.1
		水田	-4.23	1.57	0.72	0.25	2.37	0.01	0.34	0.41	0.14
	园地	—	0.17	1.11	3.32	1.13	2.33	2.61	0.26	2.27	1.11
草地	草地	天然牧草地	0.08	0.61	1.37	0.63	1.45	0.65	0.06	0.66	0.42
		其他草地	0.29	1.89	4.66	1.55	3.67	2.33	0.17	2.13	0.93
林地	林地	有林地	0.53	3.03	8.37	2.77	5.96	3.91	0.33	3.17	1.44
		灌木地	0.32	1.63	5.53	1.73	4.63	2.37	0.19	2025	1.03
		其他林地	0.47	2.32	7.13	2.31	5.51	3.15	0.27	2.76	1.27
城市	城镇村及工矿用地	—	0	0.03	0	0.03	0.04	0.03	0	0.03	0.01
	交通运输用地	—	0	0.03	0	0.03	0.04	0.03	0	0.03	0.01
水域	水域及水域设施用地	—	9.88	0.89	2.98	7.21	126.77	0.83	0.09	1.27	2.44
其他	其他土地	裸地	0	0.03	0	0.03	0.04	0.03	0	0.03	0.07

注：表中"—"省略部分为一级地类对应二级地类名称一致的情况，表中当量因子借鉴谢高地研究方法获得。

参照本书所推算出来的张掖市生态系统生态服务价值当量因子表，根据公式（5.12），计算可以得到张掖市基于 2015 年价值计算的单位面积生态资产价值表，如表 5.15 所示。

同时，根据张掖市土地资源生态当量价值表，开展张掖市生态资产总价值估算，得到张掖市 2012 年和 2017 年生态资产总价值，如表 5.16 与表 5.17 所示。

表 5.15　张掖市单位面积生态资产服务价值

单位：元/公顷

生态系统分类	土地资源分类		供给服务	调节服务					支持服务		文化服务
	一级地类	二级地类	水资源供给	气体调节	气候调节	净化环境	水文调节	土壤保持	维持养分循环	生物多样性	美学景观
农田	耕地	旱地	22.36	1259.69	700.54	157.44	385.05	2132.89	338.89	277.52	131.16
	耕地	水浇地	−1360.23	879.61	599.37	201.55	588.39	2017.88	210.74	223.58	107.94
	耕地	水田	−5208.34	1936.62	882.38	303.62	2920.30	14.91	422.31	500.00	166.94
	园地	—	209.41	1367.32	4089.65	1391.96	2870.14	3215.05	320.27	2796.23	1367.32
草地	草地	天然牧草地	101.83	756.09	1685.72	776.20	1787.80	804.21	68.74	811.68	513.23
		其他草地	354.37	2325.55	5735.09	1904.81	4515.33	2866.52	205.57	2626.91	1146.47
林地	林地	有林地	649.79	3726.78	10314.68	3417.10	7341.14	4812.94	408.74	3905.76	1778.89
		灌木地	398.26	2004.22	6811.96	2134.39	5700.90	2918.45	238.72	2775.63	1271.39
		其他林地	579.52	2859.15	8785.15	2844.01	6785.78	3883.69	329.27	3402.20	1568.88
城市	城镇村及工矿用地	—	0.00	36.95	0.00	36.96	49.27	36.95	0.00	36.95	1232.00
	交通运输用地	—	0.00	36.95	0.00	36.96	49.27	36.95	0.00	36.95	1232.00
水域	水域及水域设施用地	—	12170.38	1096.32	3670.82	8881.42	156157.82	1022.41	110.86	1564.41	3005.64
其他	其他土地	裸地等	0.00	36.95	36.96	36.96	49.27	36.95	0.00	36.95	86.24

注：表中"—"省略部分为一级地类对应二级地类名称一致的情况。

101

表 5.16　2012 年张掖市生态资产服务价值

单位：万元

生态系统分类	土地资源分类		供给服务	调节服务					支持服务		文化服务
	一级地类	二级地类	水资源供给	气体调节	气候调节	净化环境	水文调节	土壤保持	维持养分循环	生物多样性	美学景观
农田	耕地	旱地	52.52	2958.61	1645.34	369.78	904.36	5009.47	795.94	651.81	308.05
		水浇地	-31331.69	20261.04	13805.96	4642.53	13553.04	46480.08	4854.21	5149.97	2486.30
		水田	-371.53	138.15	62.94	21.66	208.32	1.06	30.12	35.67	11.91
	园地	—	572.53	3738.27	11181.16	3805.64	7847.00	8789.99	875.62	7644.93	3738.27
草地	草地	天然牧草地	5649.49	41947.58	93523.09	43063.27	99186.45	44617.26	3813.67	45031.69	28473.80
		其他草地	51976.65	341096.33	841185.15	279384.96	662278.80	420442.23	30151.65	385297.82	168156.65
林地	林地	有林地	10267.17	58885.90	162979.64	53992.73	115995.49	76048.04	6458.40	61713.92	28107.79
		灌木林地	6812.40	34283.02	116521.43	36509.63	97516.28	49921.31	4083.41	47478.31	21747.66
		其他林地	2557.63	12618.45	38771.99	12551.63	29948.06	17140.10	1453.19	15015.12	6924.03
城市	城镇村及工矿用地	—	0.00	158.05	0.00	158.09	210.75	158.05	0.00	158.05	5269.70
	交通运输用地	—	0.00	28.65	0.00	28.66	38.20	28.65	0.00	28.65	955.22
水域	水域及水域设施用地	—	118645.57	10687.71	35785.78	86582.44	1522338.15	9967.18	1080.74	15250.99	29301.13
其他	其他土地	裸地等	0.00	3822.82	0.00	3823.85	5097.43	3822.82	0.00	3822.82	8922.32

注：表中"—"省略部分为一级地类对应二级地类名称一致的情况。

表 5.17　2017 年张掖市生态资产服务价值

单位：万元

生态系统分类	土地资源分类		供给服务	调节服务					支持服务		文化服务
	一级地类	二级地类	水资源供给	气体调节	气候调节	净化环境	水文调节	土壤保持	维持养分循环	生物多样性	美学景观
农田	耕地	旱地	93.87	5288.21	2940.88	660.94	1616.45	8953.92	1422.67	1165.03	550.61
		水浇地	-42384.07	27408.20	18676.06	6280.20	18333.93	62876.11	6566.55	6966.64	3363.36
		水田	-815.98	303.41	138.24	47.57	457.52	2.34	66.16	78.33	26.15
	园地	—	150.92	985.39	2947.29	1003.14	2068.42	2316.99	230.81	2015.16	985.39
草地	草地	天然牧草地	5768.16	42828.68	95487.52	43967.81	101269.84	45554.44	3893.77	45977.57	29071.89
		其他草地	54638.22	358562.84	884259.71	293691.42	696192.11	441971.82	31695.63	405027.77	176767.45
林地	林地	有林地	10690.83	61315.78	169704.84	56220.69	120781.93	79186.09	6724.90	64260.49	29267.63
		灌木地	7215.45	36311.30	123415.17	38669.65	103285.62	52874.80	4324.99	50287.27	23034.31
		其他林地	4364.58	21533.32	66164.22	21419.29	51106.23	29249.51	2479.85	25623.23	11815.82
城市	城镇村及工矿用地	—	0.00	181.45	0.00	181.50	241.95	181.45	0.00	181.45	6049.97
	交通运输用地	—	0.00	102.38	0.00	102.40	136.51	102.38	0.00	102.38	3413.48
水域	水域及水利设施用地	—	200860.96	18093.76	60583.52	146579.69	2577241.55	16873.94	1829.64	25819.15	49605.33
其他	其他土地	裸地等	0.00	2681.52	0.00	2682.25	3575.61	2681.52	0.00	2681.52	6258.58

注：表中"—"省略部分为一级地类对应二级地类名称一致的情况。

根据上述计算以及在当量表中的生态系统分类，在表 5.18 中，列出了不同生态系统价值及其对照。2012 年和 2017 年，张掖市的生态服务价值分别为 671.86 亿元和 830.07 亿元。

表 5.18　　　　　　　　　2012～2017 年张掖市生态资产服务价值量

项目	期初（2012 年）		期末（2017 年）	
	实物量（公顷）	价值量（亿元）	实物量（公顷）	价值量（亿元）
农田生态系统	281881.41	14.09	362348.48	14.38
草地生态系统	2021530.11	358.53	2108290.54	375.66
林地生态系统	373195.20	112.63	421015.44	127.13
城市生态系统	50526.92	0.72	76813.72	1.09
水域生态系统	97487.15	182.96	165040.83	309.75
其他	1034605.17	2.93	725716.96	2.06
合计	3859225.96	671.86	3859225.96	830.07

5.3　核算期土地资源负债价值账户核算

在本书中，所涉及的土地资源的负债核算主要囊括了土地资源的开发利用过程中所产生的环境损害以及资源耗减负债两大主要部分。其中，环境损害负债是政府在土地资源受到污染等损害后，进而开展整治所投入的成本或者费用，或者对于未来土地资源环境改善所做的前期投入。主要包含土地污染、水土保持治理、土地肥力改良、灾害整治、土地整治与整理、矿山治理 7 项核算指标；资源耗减是在不同地类转化过程中所产生的价值损耗，也就是常用的 8 大地类相互转换过程中发生的在原有地类价值基础上的升值或减值。

5.3.1　土地资源负债的环境损害价值核算

本书所涉及的土地资源负债环境损害价值核算主要依据实际成本支出法开展计量和运算。依据从各年度政府工作报告、年度财政收支报告，以及从环保、国土等年报信息中获得的实际数据，进行分项统计，集中归纳与综合。

经过详尽的统计、归纳及汇总核算，得到表 5.19 中的系列数据，张掖市在土地资源的实际调配与利用过程中，土地资源环境损害负债在期初 2012 年、期末 2017 年的价值量分别达到了 159332.90 万元和 271257.01 万元。

表 5.19　　　　　　　　　土地资源的环境损害价值核算

环境损害		2012 年期初存量		期间变化量		2017 年期末存量	
		实物量（吨）	价值量（万元）	实物量（吨）	价值量（万元）	实物量（吨）	价值量（万元）
土地污染	工业固废	—	5874.00	—	7760.00	—	13580.00
	生活垃圾	440774.03	8760.00	6796.53	6257.00	448694.50	14717.00
水土保持治理		—	23647.00	—	90247.70	—	113894.70
土地肥力改良	化肥使用量	318346.61	104099.00	9301.06	3041.00	327647.67	107140.00
灾害整治		—	2135.00	—	215.00	—	2350.00
土地整治与整理		4740.01	10380.00	96.68	793.74	7168.88	14535.00
矿山治理		—	3300.00	—	420.00	—	3720.00
违法建设用地治理		—	1137.90	—	182.41	—	1320.31
	合计		159332.90				271257.01

注：表中土地污染、土地肥力改良中的实物量单位为吨，其他实物量单位为公顷，所有价值量单位统一为万元，"—"表示无具体实物量数据，仅有价值量数据。

就负债价值量大小排序而言：张掖市土地肥力改良、水土保持治理、土地污染、土地整治与整理这四项在 2012 年与 2017 年的支出都在亿元级别，说明张掖市的在土地资源环境损害治理要点集中在以上四个方面。

与 2012 年相比，张掖市 2017 年在灾害整治、土地整治与整理、矿山治理、违法建设用地治理这四项负债的投入上相对平稳，价值量变化幅度不大。其中，灾害整治维持在 2000 余万元的规模、矿山治理维持在 3000 余万元的规模，违建用地治理维持在 1000 余万元的规模，土地整治与整理则始终在亿元级别之上。这表明，土地整治与整理是当地政府始终重视和坚持的一项土地资源治理举措。而土地污染、水土保持治理两项负债规模在研究期间表现出了上亿元的投入增量，表明除土地整治与整理外，土地污染、水土保持治理这两项工作也成为这些年来当地政府部门在土地资源有效治理方面的重点和热点。

5.3.2 土地资源负债的资源耗减价值核算

基于各类土地资源耗减的负债，本书需要从耕地、园地、林地、草地、水域及水利设施用地等 8 大地类发生用途变更的流量进行统计，并对价值进行换算。数据主要依据 2012～2017 年的土地转移矩阵表获得，并基于市场价值法对耗减的资源实物量开展资源耗减价值化核算。

通过详细的统计分析及量化计算得知，在 2012～2017 年的地类转化过程中，一个最主要的特征便是大量的其他未利用地转化成了研究区域的可利用地。

从表 5.20 得到，在不统计其他用地转化的情况下，若单纯地开展耕地、园地、林地、草地、水域及水利设施用地、城镇村及工矿用地、交通运输用地之间的计量，发现这些地类之间在五年间的转移资源损耗价值量为 2126.01 万元。

表 5.20　　　　　　2012～2017 年各类土地资源耗减价值量量化一表

地类转化情况	实物量（公顷）	损耗价值量（万元）
耕地城镇村及工矿用地	1506.23	538.26
耕地—水域及其水利设施用地	7.12	−130.07
耕地—交通运输用地	90.20	32.23
园地—城镇村及工矿用地	82.06	29.32
园地—水域及其水利设施用地	3.54	−64.67
园地—交通运输用地	96.94	34.64
园地—其他用地	60.53	28.54
林地—城镇村及工矿用地	106.16	305.26
林地—草地	77.20	96.07
林地—交通运输用地	20.93	60.18
林地—园地	123.94	312.10

续表

地类转化情况	实物量（公顷）	损耗价值量（万元）
林地—耕地	1.13	2.85
草地—城镇村及工矿用地	82.29	134.23
草地—交通运输用地	20.93	34.14
草地—耕地	64.89	82.65
水域及水利设施用地—草地	11.55	196.28
水域及水利设施用地—城镇村及工矿用地	6.37	118.64
水域及水利设施用地—交通运输用地	4.63	86.23
小计	2507.1	2126.01
其他用地—耕地	81821.58	−38581.79
其他用地—林地	48212.10	−144138.35
其他用地—草地	87587.62	−152861.21
其他用地—城镇村及工矿用地	4017.22	−458.68
其他用地—交通运输用地	19276.15	−2200.92
其他用地—水域及水利设施用地	67624.16	−1267228.18
合计	311045.93	−1603343.13

若包含其他用地的各类土地资源耗减价值，则资源耗减的值成为负值。这是张掖市区别于其他各个地区最为典型的特征之一，即张掖市在资源耗减这一过程中，实现了负负债（见表 5.21）。即表明，张掖市土地资源在 2012～2017年的资源耗减过程，实际上是发生了正向的变化，促进了张掖市土地资源利用结构的优化。在实际中，表现出大量的未利用地成了供人类使用的各种地类，其相应的经济、社会以及生态价值发生增值。

表 5.21　　　　　　　各类土地资源耗减价值量量化二表　　　　单位：万元

耗减价值	耕地	园地	林地	草地	城镇村及工矿用地	交通运输用地	水域及水利设施用地	其他用地
耕地	0.00	0.00	0.00	0.00	538.26	32.23	−130.07	0.00
园地	0.00	0.00	0.00	6.71	29.32	34.64	−64.67	28.54
林地	2.85	312.10	0.00	96.07	305.26	60.18	0.00	0.00

耗减价值	耕地	园地	林地	草地	城镇村及工矿用地	交通运输用地	水域及水利设施用地	其他用地
草地	82.65	0.00	0.00	0.00	134.22	263.24	0.00	0.00
城镇村及工矿用地	0.00	0.00	0.00	0.00	0.00	0.00	0.00	0.00
交通运输用地	0.00	0.00	0.00	0.00	0.00	0.00	0.00	0.00
水域及水利设施用地	0.00	0.00	0.00	196.28	118.64	86.23	0.00	0.00
其他用地	−38581.79	0.00	−144138.35	−152861.21	−458.68	−2200.92	−1267228.18	0.00

在价值计量过程中，相应的资源耗减负值实际上已经在资产计算过程中自动地归入资产部分进行计量。

所以，在编制自然资产负债表时，本书将研究区域资源耗减应赋值为0。这一特征可能也是内陆河流域绿洲区域土地资源资产负债研究特征之一，是否具有普适性还有待其他内陆河流域进一步验证。

综上所述，在研究期间，研究区域的土地资源负债分为两部分：第一，土地资源资产的环境损害价值核算，在2012年存量负债价值为159332.90万元；2017年土地资源资产的环境损害价值为271257.01万元；第二，土地资源资产的资源耗减负债价值核算，综合上述计算结果为负值，计入资产，负债计数为0。

5.4 研究区土地资源资产负债表

5.4.1 研究区土地资源资产负债表的编制

根据前文中对于土地资源资产负债表的各类结构设计、土地资源资产及其负债的核算，通过对于各类经济价值、社会价值以及生态服务价值的分类归纳统计、核算、总结，本书最终形成了张掖市的土地资源资产负债表，如表5.22所示，表格中的价值用亿元来衡量。

表 5.22　　　　　　　　研究区 2012～2017 年土地资源资产负债表　　　　单位：亿元

科目编号	资产类		期初值	期末值	科目编号	负债类	期初值	期末值
101	土地资源经济价值	耕地	26.01	36.25	201	环境损害负债	15.93	27.13
		园地	0.51	0.13	202	资源耗减负债	—	0.00
		林地	95.21	107.43				
		草地	496.96	518.44				
		城镇村及工矿用地	433.47	498.86				
		交通运输用地	114.43	404.88				
		水域及水利设施用地	1436.28	2432.40				
		其他用地	28.60	21.39				
		小计	2631.47	4019.78				
102	土地资源社会价值	就业保障价值	127.45	150.02				
		游憩价值	27.10	157.30				
		小计	154.55	307.32				
103	土地资源生态价值	供给服务	16.48	24.06				
		调节服务	492.61	628.77				
		支持服务	132.33	143.22				
		文化服务	30.44	34.03				
		小计	671.86	830.08				
合计			3457.88	5157.18	301	净资产	—	5130.05

注："—"表示无有效数据。

结果显示，张掖市的土地资源在 2012 年与 2017 年对应的资产价值分别为 3457.88 亿元、5157.18 亿元，对应的负债价值分别为 15.93 亿元、27.13 亿元。截至 2017 年，张掖市的土地资源净资产规模是 5130.05 亿元。

2012～2017 年，张掖市土地资源资产增加值达到了 1699.30 亿元，表明张掖市的土地利用结构变化是朝着正向发展的，是顺应经济社会发展趋势的，政府及国土资源部门在这五年间的土地利用调配以及监管政策和举措是相对恰当和合理的。五年间，环境损害负债规模将近成倍的增长，也表明张掖市对于土地资源环境质量和土地生态系统功能提升高度重视，并在水土保持治理、土地肥力改良、土地污染、土地整治与整理四个方面大力推进对已有环境损害的改善，以及对土地资源未来可持续发展的持续改良。

5.4.2 研究区土地资源资产负债表的分析

本书综合张掖市土地资源所有资产和负债的核算结果，编制出张掖市2012～2017年土地资源资产负债表。总体上看，研究区2012～2017年土地资源资产类价值量共增加了1699.30亿元，资产价值量增幅为49.14%。其中，从资产类指标来看，土地资源社会价值增速最快，增加值152.77亿元，增幅98.85%；其次是土地资源经济价值，增加值1388.31亿元，增幅52.76%；最后是土地资源服务价值，增加值为158.22亿元，增幅为23.55%。从负债类指标来看，价值量增加11.20亿元，增幅为70.31%，且所有增量都来自环境损害负债价值量，资源耗减负债表现为负负债，已对应计入资产增加值。

就单项而言，张掖市近年来的旅游收入呈爆发式增长的状态，社会价值中的游憩价值增加130.2亿元，增幅480.44%；随着城市间高铁等基础设施的修建，交通运输能力的提升，以及乡村道路交通设施的极大改善，张掖市交通运输用地经济价值增加290.45亿元，增幅253.82%；近年来，张掖市对于水资源的管理卓有成效，水资源的高效利用提高到了足够高的地位，水域及水利设施用地经济价值增加996.12亿元，增幅69.35%。所有土地资源资产价值项中，上述三项价值表现得尤为突出，增幅均超过了50%。

此外，增幅在20%以上的有：耕地经济价值增加10.24亿元，增幅39.37%；生态供给服务价值增加7.58亿元，增幅46.00%；生态调节服务价值增加136.16亿元，增幅27.64%。增幅相对稳定的价值类单元有林地、草地、城镇村及工矿用地的经济价值量，社会价值之中的就业服务价值以及生态价值中的支持服务和文化服务；增幅表现出下降趋势的是园地和其他用地的经济价值量。

与此同时，研究区域2012年与2017年对应的土地资源资产价值分别为3457.88亿元、5157.18亿元。相对于如此庞大的土地资源资产，张掖市土地资源环境损害负债存量在这两年分别对应 15.93 亿元、27.13 亿元。尽管期间，负债所投入的价值增幅也达到了 70.31%，但是与土地资源资产价值相比较，却显得微乎其微。所以，未来张掖市政府及国土资源部门应进一步加大土地资源环境损害的治理投入，不仅要注意正负债的实施即对已造成的土地资源损害展开修复，更要注重负负债的投入即对未来土地资源的可持续发展加大投入，力争实现土地资源的可持续利用。

5.5　小　　结

在本章中，主要依据第 4 章的实物量计算结果，在综合现有各地类的价值评估方法的基础上，开展了所有土地资源地类资产的经济价值量、社会价值量以及生态服务功能价值量的衡量，较为全面地厘清了张掖市土地资源资产价值量的概况及研究期间的相应变化，同时对于研究期间的土地资源负债情况开展了详细的归纳统计和核算，在资产、负债价值核算的基础上，开展张掖市土地资源资产负债表的编制工作。结果表明，张掖市 2012 年与 2017 年对应的资产分别为 3457.88 亿元、5157.18 亿元，对应的负债分别达到 15.93 亿元、27.13 亿元，2017 年净资产 5130.05 亿元。

第6章　未来情景下土地资源资产负债预估

6.1　土地资源利用的驱动因素

6.1.1　土地开发利用/绿洲化的历史驱动力因素分析

对于本书研究区张掖市而言，研究区土地资源开发与利用的历史，实际上也就是区域绿洲化的历史。开展未来土地资源的模拟及预估研究，首先需要厘清张掖市历史土地利用变化或者绿洲化过程的驱动机制及因素。

根据已有研究，唐霞（2016）等在进一步挖掘各种历史资料重建数据的基础上，构建了一套 2000 年长时间序列的气候变化、水文状况、旱涝灾害以及各类社会经济资料、人类活动在内的数据资料集，对内陆河流域绿洲发展演变的内在驱动力开展研究和探讨。研究发现，在不同的时间或者历史维度上，影响研究区域绿洲化/荒漠化进程的主驱动要素也不尽相同（WahapHalik，2007）。

本书研究在积极利用了颉耀文等（2013）、石亮（2010）历史文献，以及 20 世纪 60 年代（www. heihedata. org/heihe）地形图和遥感影像的基础上，结合研究区灌渠、居民点等数据对黑河流域汉代至民国时期的古绿洲面积数据和分布范围进行了重建。对绿洲化或者垦殖程度较为繁荣的历史阶段，如汉、魏晋、唐、元、明、清、民国等 7 个历史阶段，探讨了绿洲垦殖的时空变化，从其中所有的驱动因素中遴选出包含气温（X_1）、降水量（X_2）、出山径流量（X_3）、洪涝灾害（X_4）、干旱灾害（X_5）、总人口数量（X_6）、战争爆发频率（X_7）、粮食亩产量（X_8）、农业生产政策（X_9）水利工程建设（X_{10}）在内的十大驱动因素，如表 6.1 所示。

表 6.1　　　　　　　　绿洲化驱动力主成分负荷矩阵、特征值及贡献率

驱动因素	第一成分	第二成分	第三成分
气温（X_1）	0.073	0.260	− 0.816
降水量（X_2）	− 0.080	0.896	− 0.017
出山径流量（X_3）	0.061	0.883	− 0.097
洪涝灾害（X_4）	0.735	0.027	0.051
干旱灾害（X_5）	0.687	− 0.032	0.252
总人口数量（X_6）	0.874	0.048	0.105
战争爆发频率（X_7）	0.344	0.144	0.592
粮食亩产量（X_8）	0.083	0.080	0.044
农业生产政策（X_9）	0.555	0.011	0.413
水利工程建设（X_{10}）	0.669	− 0.096	− 0.208
特征值	3.951	1.690	1.320
贡献率（%）	43.569	13.886	12.197
累计贡献率（%）	45.569	57.455	69.652

资料来源：唐霞. 黑河流域人工绿洲时空演变特征及其驱动力［D］. 北京：中国科学院大学，2016.

本书通过主成分分析方法的降维、回归分析方法对垦殖绿洲演变过程进行拟合及综合分析，表明"屯垦因素 + 水资源条件与气候变化"的交互作用是历史上黑河流域绿洲演变的驱动力所在。

然而，人类历史发展至今，张掖绿洲也已形成了稳定的耕作、生产模式，社会经济模式相对稳定，"屯垦因素"这一驱动力因素在现代已经弱化。因此，在本书开展的对于未来的预估中，重点将"气候变化与水资源条件"作为主要的自然影响因素及驱动力因素。

同时，在开展绿洲未来发展变化的各类土地资源利用的情景预估中，也应基于现代社会，对于土地资源的利用、规划以及生态红线的划定予以综合预估与评判。

后文中所进一步开展的未来土地资源资产负债的核算和预估，正是基于上述"气候变化与水资源条件"自然要素以及"研究区土地资源利用相关规划及生态红线"等人文要素约束条件进行的。

6.1.2 土地资源利用的未来驱动因素

对典型内陆河流域而言，降水量相对较少，蒸发量较多，土地资源的发展保育或者说绿洲的持续繁衍，都与灌溉用水相关。对于内陆河流域而言，主要的用水来源除了地下水，实际上就是出山径流的来水。在本书中，主要考虑未来出山径流变化对于土地资源利用格局演变的影响。

1. 气候及出山径流变化

在笔者前期的研究成果中（Zhu & Zhao，2018），应用气候模型在黑河山区开展了对于未来气候变化的模拟和评估，并在 R 语言的计算环境下，基于多元递归嵌套偏倚校正（MRNBC）和采用多元递归分位数匹配嵌套偏倚校正（MRQNBC）方法的计算包开展了计算与模拟，在积极利用历史数据和计算生成的统计数据进行比较后，表明该计算模型在每日、每月、季节性和年度时间尺度上，都保留了所有气象变量的重要特征。同时，在此项研究所利用的模型中，积极利用了多元递归嵌套偏差校正的优势性能，从图 6.1 中可以直接地看出，利用 MRNBC 方法后，积极地消除了模拟 GCM 中预测因子与再分析 NCEP 数据之间的差异，同时 MRNBC 方法大大提高了模拟降水数据的性能，也显著提高了对黑河上游地区的未来降水预测的精度。

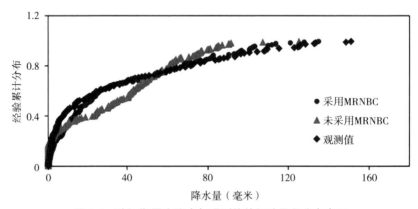

图6.1 验证期再生降水与观测值的经验累积分布表示

资料来源：ZHU QIANTAO, ZHAO WENZHI. Correcting Climate Model Simulations in Heihe River Using the Multivariate Bias Correction Package [J]. Environmental and Ecological Statistics, 2018, 25: 387 – 403.

与此同时，本书积极采用 CMIP5 地球系统模型（ESMs）空间分辨率相对较高的 GCM 输出（ACCESS1 - 3）来开展历史 1960～2005 年至未来 2010～2100 年的变化，如图 6.2 所示。结果表明，与 RCP4.5 情景相比，RCP8.5 下的预计降水量在黑河上游地区表现出明显的增加趋势。在 RCP4.5 情景下，近期（2050 年）和远期（2100 年）的未来降水将分别增长 8% 和 20%；在 RCP8.5 下，近期和长期的未来降水分别将增长 14% 和 37%。

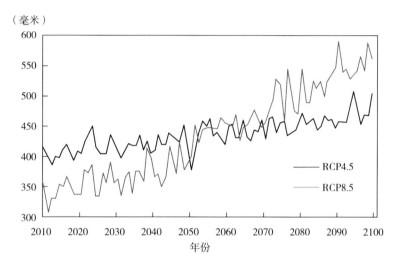

图 6.2　2010～2100 年 ACCESS1 - 3 方案之下的降水量年变化预测

资料来源：ZHU QIANTAO, ZHAO WENZHI. Correcting Climate Model Simulations in Heihe River Using the Multivariate Bias Correction Package［J］. Environmental and Ecological Statistics, 2018, 25: 387 - 403.

同样地，陈仁升研究员（Chen et al., 2018）基于对中国西部寒冷地区的长期野外观测，提出了一个冰冻圈盆地水文模型，并用其对冰冻圈对黑河流域上游水流的影响开展了评估，并进一步探讨了冰冻圈与水流之间的关系。在该研究中，采用了"挪威地球系统模型"，并输出了"代表浓度路径"RCP2.6、RCP4.5 和 RCP8.5 情景下预测的未来出山径流量。在此研究中，通过测量的降水、水流、蒸散量、土壤温度、冰川和积雪面积，对冰冻圈盆地水文模型的结果进行了很好的验证。同时，研究表明，在过去的 54 年中，由于气温升高（2.9℃/54a）和降水增加（69.2mm/54a），流域的冰川和融雪径流分别增加了9.8%和12.1%。同时，空气温度的升高导致了融雪洪峰的到来，并且由于多年冻土退化而增加了冬季流量。在不久的将来，冰川可能因其体积小而消失，但由于较高山区的降雪增加，融雪量会增加，将来流域的径流量会相应增加。根据其研究，未来莺落峡黑河出山径流的变化量大致如表6.2所示。需要说明的是：对于2030年这一时点的数据估值，采用2021~2030年所有月份预估径流量的加权平均获得，而不是单纯某一时点值。采取十年间所有月份的加权估算值，误差才能更小，未来的径流才有科学的参考意义。

表6.2 　　　　　　　不同排放情境下莺落峡出山径流　　　　单位：亿立方米

年度区间	RCP2.6	RCP4.5	RCP8.5
2021~2030年	15.72	15.77	15.90
2031~2040年	15.50	16.09	15.63
2041~2050年	16.27	15.77	15.48
2051~2060年	15.74	16.65	17.05
2061~2070年	16.16	15.67	16.97
2071~2080年	15.55	15.15	16.58
2081~2090年	16.51	15.97	16.38
2091~2100年	14.74	16.12	16.52

　　基于人类对于现有排放的认知及重视程度，本书认为，在未来的几十年内，节能减排仍是人类社会活动所关注的焦点。所以，在遴选RCP情境指标计算结果时，主要参考的是上述计算结果中RCP2.6未来莺落峡出山径流量，作为未来土地资源利用计算和判断的关键性指标。

　　同时，上述结果与杨等（Yang et al.，2012）、秦等（Qin et al.，2010）祁连山区的树木年轮宽度与出山径流量间建立了良好对应关系，所重建出的出山径流量结果也显示出良好的衔接和对应关系（Qin et al.，2015），与程建忠等（2017）对近70年的径流变化观测资料的研究结果都很契合。综合上述结果：过去几十年，黑河干流年出山径流量为15.8亿立方米，全流域多年平均径流量为33.35亿立方米，讨赖河片区多年平均出山径流量为9.75亿立方米。全流域多年平均径流量应为莺落峡干流量产流量的 2.4 倍（程国栋等，2012）。

所以，莺落峡历史重建的年出山径流为 13.5 亿~16.2 亿立方米，整个山区年出山径流量为 30 亿~37 亿立方米。在 RCP2.6 排放情境下，未来至 2100 年的整体出山径流量，约在 35.38 亿~39.05 亿立方米，如表 6.3 所示。可见，气候变暖条件下，山区年均出山径流在 21 世纪中后期是呈现上升趋势的。

表 6.3　　　　　　　　未来山区年平均出山径流量量化表　　　单位：亿立方米

指标	2021~2030 年	2031~2040 年	2041~2050 年	2051~2060 年	2061~2070 年	2071~2080 年	2081~2090 年	2091~2100 年
山区年平均出山径流量	37.73	37.20	39.05	37.78	38.78	37.32	39.62	35.38

在 RCP2.6 的排放情境下，设定到 2100 年，黑河上游整体出山径流量都按照同比增长，得到，考虑支流梨园河进入张掖的径流量 2.37 亿立方米，其他几条沿山河流汇聚进入张掖的径流共计 6.58 亿立方米，张掖中游绿洲年度的径流平均来水量，如表 6.4 所示。截至 2100 年，中游径流来水量总体区间在 25.45 亿~23.68 亿立方米/年。

表 6.4　　　未来山区年平均出山径流量进入张掖绿洲部分量化表

单位：亿立方米

指标	2021~2030 年	2031~2040 年	2041~2050 年	2051~2060 年	2061~2070 年	2071~2080 年	2081~2090 年	2091~2100 年
山区年平均出山径流量	24.66	24.44	25.21	24.68	25.10	24.49	25.45	23.68

依据黑河干流的九七分水方案，莺落峡出山径流来水在丰水（17.1 亿立方米）、平水（15.5 亿立方米）及枯水（12.9 亿立方米）年，正义峡分别下泄水量为 10.9 亿立方米、9.5 亿立方米、7.6 亿立方米。同时，根据李文鹏等（2010）的研究，黑河流域下游绿洲生态退化得到基本控制的生态需水量约为 6.83 亿立方米，得到初步改善生态需水量则需要达到 8.01 亿立方米，若要得到明显改善，生态需水量需要达到 9.27 亿立方米。

考虑分水方案以及未来下游生态改善为基准，同时根据前文中对于未来出山径流预估量的判断，在 21 世纪 20 年代至 90 年代，正义峡平均每年下泄水量应达到 9.5 亿~9.8 亿立方米。在预估时取其均值 9.65 亿立方米作为基准值，进行预估和判断。

2. 国家主体功能区建设

张掖市最近的一次土地利用规划数据是在 2006 年左右开展编制的，经对照很多数据已经不具有参考性，因此在本书中，着重考虑国家在 2014 年编制的《甘肃省张掖市国家主体功能区建设试点示范方案（2014—2020）》以及 2018 年发布的《张掖市国家生态文明建设示范市规划（2018—2022）》。

依据《甘肃省张掖市国家主体功能区建设试点示范方案（2014—2020）》《关于印发张掖市国家生态文明建设示范市规划（2018—2022）的通知》，张掖在国家主体功能区等规划中的定位是：全国的主体功能区规划中"两屏三带"的青藏高原生态安全屏障关键区域以及甘肃新疆国家农产品主产区之一。在《国家生态安全屏障综合试验区》的方案中，张掖市被列入甘肃省五大区域中的河西内陆河地区，并提出了在此区域以荒漠化防治和湿地保护、水源涵养为任务重点，进一步实施祁连山生态保护、黑河流域生态综合治理及加快节水型社会建设，着力加强河西祁连山—内陆河生态安全屏障、北部防风固沙林体系建设，打造节水高效绿洲农业示范区及新能源基地。在《全国生态保护与建设规划》中，张掖市包含在"两屏三带一区多点"国家战略布局的北方防沙带和青藏高原生态屏障中。

如表 6.5 所示，张掖市在全省主体功能区规划中，划分为重点开发区、限制开发区、禁止开发区。重点开发区约 6077.68 平方千米，占到了张掖市总面积的 15.75%，包括了甘州区、临泽县。限制开发区则划分出了三种类型：一是农产品主产区，约 5280.62 平方千米，占到了张掖市总面积的 13.68%，有高台县、肃南县北部区块；二是重点生态功能区，约 12408.26 平方千米，占到了张掖市总面积的 32.15%，有肃南县、山丹县、民乐县、中牧山丹马场；三是点状开发城镇：约 361.23 平方千米，占张掖市总面积的 0.94%，主要有肃南县、山丹县、高台县、民乐县城区规划区以及位奇镇、南华镇、六坝镇规划镇区。禁止开发区，不含基本农田，约 14464.26 平方千米，占张掖市面积的 37.48%。主要包括 12 处点状分布的国家级、省级各类自然保护区、森林公园、风景名胜区、地质公园和基本农田。其中，国家级—省级的自然保护区 4 个，省级风景名胜区 3 个，省级森林公园 4 个，省级地质公园 1 个，以及约 2312.61 平方千米的基本农田。

表 6.5　　　　　　　　　　张掖市三类主体功能区基本情况

功能区		范围	面积（平方千米）	占国土面积比例（%）
重点开发区		甘州区、临泽县	6077.68	15.75
限制开发区	农产品主产区	高台县、肃南县北部区块	5280.62	13.68
	重点生态功能区	肃南县（不含北部区块）、民乐县、山丹县、中牧山丹马场	12408.26	32.15
	点状开发的城镇	山丹县、肃南县、民乐县、高台县城区规划区和南华镇、位奇镇、六坝镇规划镇区	361.23	0.94
禁止开发区		甘肃张掖黑河湿地国家级自然保护区（国家级）、甘肃祁连山国家级自然保护区（国家级）、甘肃东大山自然保护区（省级）、甘肃龙首山自然保护区（省级）、张掖国家地质公园（省级）、张掖森林公园（省级）、甘州区黑河森林公园（省级）、山丹县焉支山省级森林公园（山丹县焉支山风景名胜区）、肃南马蹄寺森林公园（省级）、民乐海潮坝森林公园（省级）、肃南马蹄寺风景名胜区（省级）、肃南—临泽丹霞地貌风景名胜区（省级）、基本农田	14464.26（不含基本农田 2312.0）	37.48

资料来源：张掖市主体功能区建设规划。

同时，依据张掖市主体功能区建设的基本定位，目标指标大致如表 6.6 所示。

表 6.6　　　　2013 年和 2020 年张掖市主体功能区建设主要目标指标

序号	指标名称	单位	2013 年	2020 年
1	森林覆盖率	%	10.92	12.58
2	水域湿地覆盖率	%	3.35	3.35
3	黑河年下泄水量	亿立方米	9.5	9.5

续表

序号	指标名称	单位	2013 年	2020 年
4	荒漠化土地减少及封禁面积	平方千米		300
5	各类保护区面积占国土面积比重	%	41.09	41.09
6	耕地总面积	公顷	350173	352008
7	基本农田面积	公顷	231200	≥230000
8	高效节水灌溉面积占耕地面积比重	%	11.86	20
9	特色林果业面积	万亩	75	100
10	灌溉水利用系数		0.533	0.57
11	总人口	万人	121.1	126.68
12	城镇化率	%	37	>45
13	城镇居民人均可支配收入	元	15877	>30000
14	农村居民人均纯收入	元	8465	>16000
15	城市绿地率	%	27	>35
16	万元 GDP 能耗	吨标煤/万元	1.48	≤0.9
17	万元工业增加值用水量	立方米/万元	67	≤39
18	重要江河湖泊水功能区水质达标率	%	80	>85

资料来源：张掖市主体功能区建设规划。

主要目的在于：第一，生态安全屏障体系基本建成，生态产品供给能力极大提高；第二，现代农业建设更趋完善，农产品供给能力明显提高；第三，产业结构进一步优化，生态经济体系基本形成；第四，宜居宜游生态城市基本建成，综合服务功能明显提高；第五，城乡居民收入明显提高，社会公共服务体系更趋完善；第六，生态文明理念深入人心，生态文化载体日益丰富。

空间优化布局方面，张掖市遵循国家对张掖市的主体功能定位，依据全省主体功能区规划的功能划分，实现"面上保护、点上开发"的新格局。通过布局的协调与优化，张掖市约305.44万公顷土地为生态保护空间，约占到了土地资源总面积79.2%；农业生产空间约为68.82万公顷，约占到了张掖市土地资源总面积的17.8%；而对应的城市发展空间则仅有11.65万公顷，约占到了张掖市土地资源总面积的3%，如表6.7所示。

表 6.7　　　　　　　　　　　　　　**张掖市国土空间构成**

空间类型	范围		面积（平方千米）	占国土面积比重（%）
	具体区域	与省主体功能区规划的关系		
生态保护空间	总体划分为"三区"，南部为祁连山水源涵养生态保护区。中部为黑河湿地保护区。北部为荒漠植被封育保护区	包括甘肃省主体功能区规划中张掖市区域内的禁止开发区域（不含基本农田），重点生态功能区，农产品主产区和重点开发区中的北部荒漠植被封育保护区（包括甘州区的平山湖乡、临泽县的板桥镇、平川镇北部地区及高台县的合黎山一带）	30544.24	79.2
农业生产空间	总体划分为"一带"，包括甘州、高台和临泽 3 县（区）（除城市发展空间、禁止开发区及北部荒漠植被封育保护区外）和肃南县北部区块	包括省主体功能区规划中的农产品主产区和重点开发区中承担农产品生产的区域（除城市、园区、禁止开发区及北部荒漠植被封育保护区外）	6882.41	17.8
城市发展空间	总体划分为"一区、多点"，其中一区为甘州—临泽产城融合区，包括甘州区城市规划区以西，省道 213 线以北、国道 312 线以南，临泽县城规划区以东区域；多点为山丹县、肃南县、民乐县、高台县城区、各类工业园区及高台县南华镇、山丹县位奇镇、民乐县六坝镇镇区	涉及省主体功能区规划中的甘州—临泽重点开发区部分区域及点状开发城镇	1165.40	3.0
合计			38592.05	100.00

资料来源：张掖市主体功能区建设规划。

　　张掖市的生态保护空间面积足够大，从而使生态安全屏障功能在空间载体上得到保障，另外，农产品、工业品两者的生产空间也均有适宜的比例关系，各类开发行为实际上在空间载体上就已经获得引导和约束，从而为进一步推动当地形成符合生态文明要求的生产和生活方式提供了可能。

6.2 未来情景下土地资源的利用变化

张掖市隶属于黑河中游绿洲，本书需要以水定量衡量灌溉绿洲也即农用地的用水状况，确定好农用地的上下限，在此基础上开展各个地类的预估与分配。

6.2.1 适宜的垦殖绿洲面积

前人的研究成果（王忠静等，2002；凌红波等，2012）大都是基于水热平衡的基本原理，从绿洲生态系统稳定性的角度，根据适宜绿洲规模这一理论和概念出发建立模型，开展对应不同来水情境的黑河干流中游人工绿洲的适宜规模计算（Lei et al.，2015）。具体计算公式如下：

$$A = \frac{W - W_0}{(ET_0 - R) \times k_p \times H_0} \qquad (6.1)$$

式（6.1）中，A 是指绿洲面积；W 是指流域内水资源的可利用总量；W_0 是指流域内工业、生活年均用水量；ET_0 是指参照作物蒸散量（依据彭曼公式得到的）；R 是指研究区年均降水量；k_p 是指绿洲综合作物系数，参照不同作物、林地、草地及天然植被等植被作物系数，加权计算获得（胡顺军等，2006）。H_0 是指绿洲稳定性指数，即受人类、自然干扰的程度，H_0 越大，表示绿洲稳定性越高（黄晓荣等，2006）。根据上述公式，H_0 可以表示为：

$$H_0 = \frac{W - W_0}{(ET_0 - R) \times k_p \times A} \qquad (6.2)$$

根据已有研究，参照 H_0 的取值范围，本书进一步评判绿洲规模的稳定性。如表 6.8 所示，绿洲稳定性指数处于 0.5 ~ 0.75 时，绿洲可以在良好的措施保障下进而保证一定的开发潜力。

表 6.8　　　　　　　　　　　　　绿洲稳定性评价划分标准

评价等级	H_0	绿洲规模评价
不稳定	< 0.20	采取措施节水或者压缩人工绿洲规模以维持绿洲稳定

续表

评价等级	H_0	绿洲规模评价
亚稳定	0.20 ~ 0.50	不具备开发潜力，高投入保持绿洲稳定的现状
稳定	0.50 ~ 0.75	在保证有防控措施条件下，可慎重开发
超稳定	>0.75	具有开发潜力，可以考虑扩大垦殖绿洲面积

在综合考虑黑河干流中游不同来水情景和保障下游获得合适水量达到生态环境恢复的效果下，按照公式（6.1）、公式（6.2）分别对中游地区的适宜绿洲规模和现状规模绿洲稳定性进行计算，结果如表6.9所示。

表6.9　　　　　　　　　　黑河干流中游绿洲适宜规模及稳定性

年代预估 来水状况	可用水资源量 （亿立方米）	参考作物蒸散发量 （毫米）	降水量 （毫米）	绿洲适宜规模（平方千米）	
				$H_0 = 0.50$	$H_0 = 0.75$
高值	15.80	1042.70	130.40	5247.42	3498.28
低值	14.03	1068.00	110.00	4437.55	2958.36
2030 年	15.01	1055.35	120.20	4866.28	3244.19

表6.9中，未来可用水资源量分别与相关测算中的丰水年和枯水年可用水资源量偏差值在0.36以内。所以其他作物蒸散发量、降水量都用已有研究中的参考值，2030年的预估值都赋值为高低值的加权平均。计算可得出，在未来若要把绿洲维持在亚稳定状态之上，张掖市的灌溉绿洲最高值只能在5247.42平方千米，即524742公顷。而至2030年，这一数值则最高为4866.28平方千米，即486628公顷。

上述基于气候变化以及径流变化设定，所得到的灌溉绿洲面积，也就是在张掖市主体功能区规划当中所对应的农业生产空间用地部分。上述所计算的面积和现状面积是开展未来土地资源利用及其他估算的基础。需要区分预估绿洲规模、现状绿洲规模、规划绿洲规模，以便在后续研究中更好利用。

6.2.2　未来土地资源利用数量与结构预测

由于社会发展的不确定性以及宏观政策中存在的不稳定因素，尽管在前文中已经测算了将近百年的气候变化或径流数据，但是本书的研究中，考虑到现实情况及研究区实际需求，仅对研究区域的土地资源作未来十年的预估，也就是预估至 2030 年。

对于土地利用数量结构的预测，学者们通常采用未来土地利用情景模拟模型（Model FLUS）、元胞自动机—马尔科夫链（CA - Markov）、CLUE - S 模型等预测模型（李丽等，2015；张龙深和杜政，2017）或灰色预测法（王晓娇等，2012；王慎敏等，2014）。模型预测对于基础数据时间序列较长，且拟开展长期预测的效果较为显著。而本书中，考虑到所利用数据周期较短以及各类数据的可获得性，且考虑影响各类土地面积的因素较多，灰色预测法正好能满足短期预测精度。所以，本书拟构建出灰色系统动态预测模型对未来土地利用数量结构开展至 2030 年的短期预测。

灰色系统动态预测模型的特点是基于不完全的、少量的信息，建立模型并作出预测，优点在于短期预测，而对于波动性较大数据列以及长期预测则表现不佳。在本书中，基于 GM（1，1）模型（夏雨岚等，2019），利用随机原始时间序列，并按照时间开展累计后形成新的时间序列，根据其呈现出来的规律用一阶线性微分方程解来逼近，从而形成对于未来的时间序列进行数量预测。据此，在本书中，依据研究区域 2011 ~ 2017 年的土地利用数据分别建立 8 种土地利用类型的预测模型，预测其在 2030 年的趋势与结构。

本书中运用 MATLAB 软件对研究区域各种土地利用类型分别开展 GM（1，1）灰色模型预测，结果显示各种土地资源利用类型历年的预测拟合实际值误差大部分控制在 0.1 之内，如表 6.10 所示。由此可见，利用上述方法对研究区域土地利用结构开展预测是可行的。

表 6.10 　　　2011 ~ 2017 年研究区土地利用数量结构的历年预测均值误差范围

耕地	园地	林地	草地	城镇村及工矿用地	交通运输用地	水域及水利设施用地	其他用地
0.03	0.01	- 0.01	- 0.15	- 0.07	0.11		- 0.04

从表 6.11 中的预测结果来看，张掖市在 2017 年与 2030 年的地类构成中，排序没有发生变化。预测显示，到 2030 年度，增幅最大的是城镇村及

工矿用地、交通运输用地，研究期间，增幅分别达到 27.58%、19.14%。其他地类的变化幅度则都在 4% 以内，且除耕地是正向变化之外，其他地类都显示出了一定的缩减。张掖市 2017 年与 2030 年的土地利用结构分别如图 6.3、图 6.4 所示。

表 6.11　　　　2030 年预测期与 2017 年度研究区土地利用数量预测

土地资源类型	期初（2017 年）（公顷）	占比（%）	期间变化量（公顷）	期末（2030 年）（公顷）	占比（%）	期间增幅（%）
耕地	354825.81	9.19	9165.69	363991.50	9.43	2.58
园地	7213.81	0.19	−284.24	6929.57	0.18	−3.94
林地	421077.94	10.91	−841.36	420236.58	10.89	−0.20
草地	2108904.62	54.65	−8141.76	2100762.86	54.43	−0.39
城镇村及工矿用地	48509.69	1.26	13378.41	61888.10	1.60	27.58
交通运输用地	27481.14	0.71	5258.80	32739.94	0.85	19.14
水域及水利设施用地	165099.42	4.28	−1888.37	163211.05	4.23	−1.14
其他用地	726004.53	18.81	−16538.17	709466.36	18.38	−2.28
合计	3859225.96			3859225.96		

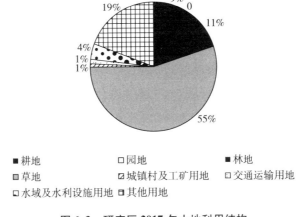

图 6.3　研究区 2017 年土地利用结构

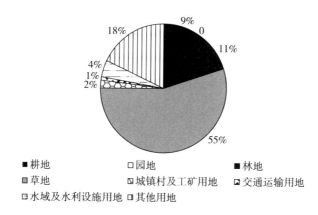

图 6.4 2030 年研究区土地利用结构

同时，在此预测基础上，本书对照了张掖市的土地利用总体规划，尤其是对于主体功能区定位和生态红线划定指标，以期为未来近期内张掖市的土地利用的政策决策、土地资源合理配置、同时实现各类效益最大化提供理论依据，以此来调整土地利用发展策略，优化土地利用结构，实现内陆河流域水—土—生态资源的协调发展。

6.2.3 规划条件下的未来土地资源利用结构

表 6.12 中，在综合考虑国家 2014 年编制的《甘肃省张掖市国家主体功能区建设试点示范方案（2014—2020）》以及 2018 年发布的《张掖市国家生态文明建设市示范规划（2018—2022）》基础上，本书开展了土地资源预测数据和规划数据对照，经过预测和实际规划值的对照，显示张掖市在 2030 年，除了林地之外，其他的土地资源数量值均在规划范围内。

表 6.12　　　　　　　　　　**基于未来规划的 2030 年土地预测值的调整**

发展空间	地类	2030 年预测值(公顷)	占比（%）	规划值（公顷）	预测调整值（公顷）	占比（%）	调整依据
农业生产空间（688241公顷）（17.8%）	耕地	363991.5	9.43	352008	363991.5	9.43	2022 年耕地保有量至少为 352008 公顷，林果面积不少于 100 万亩，农业生产空间不超过 17.8%
	园地	6929.57	0.18	—	6929.57	0.18	

续表

发展空间	地类	2030 年预测值(公顷)	占比(%)	规划值(公顷)	预测调整值（公顷）	占比(%)	调整依据
生态保护空间（3054424公顷）（79.2%）	林地	420236.58	10.89	485490.63	485490.63	12.58	森林覆盖率达到12.58%，水域湿地覆盖率保证达到3.35%，生态保护空间不少于79.2%
	草地	2100762.86	54.43	—	2100762.86	54.43	
	水域及水利设施用地	163211.05	4.23	1292840.7	163211.05	4.23	
	其他用地	709466.36	18.38	—	644212.31	16.69	
城市发展空间（116540公顷）（3.0%）	城镇村及工矿用地	61888.1	1.60	—	61888.10	1.60	城市发展空间占比不超过3%
	交通运输用地	32739.94	0.85	—	32739.94	0.85	
合计		3859225.96			3859225.96		

经过测算，在2030年，林地的规模未达到规划中所要求的目标，原因在于，张掖市地处西北干旱半干旱区，天然林分布较少，宜林地块缺乏，当前可用的造林地块基本都处于戈壁荒滩地带，造林成本相对较高，同时造林的技术资金缺乏也是限制其发展的主要因素之一。

未来，张掖市需要在现有林地规模的基础上，加大森林资源的抚育力度，继续推进包括"三北"防护林在内的各类林地建设工程。同时，在造林过程中，也要切实注意造林环境的适宜性，不要单纯地注重数量而忽视了造林的质量。同时，造林也要注重实际，因地制宜，若条件可能，在规划中对森林覆盖率这一目标要求进行适当调整。

从规划宏观上来看，张掖市的土地资源利用大致可划分为生态保护空间（3054424公顷，79.2%）、农业生产空间（688241公顷，17.8%）、城市发展空间（116540公顷，3.0%），从土地功能定位上来划分，生态保护空间主要包含林地、草地、水域及其他用地；农业生产空间主要包含耕地和园地；城市发展空间则包含城镇工矿用地和交通设施用地。按照此种规则来大类划分的话，截至2030年三种空间性用地的比例分别为87.93%、9.61%、2.45%。

就生态保护空间（3054424公顷，79.2%）而言，根据本书的模拟，2030年生态保护空间的具体数值和比例是（3393676.85公顷，87.93%）。本书发现，对于张掖市而言，国家给出的79.2%是一个约束性的指标，即未来发展不能逾越的红线，张掖市现有的生态保护空间 87.93% 这一比例远高于79.3%，从量上来看，满足了规划要求，所以，未来更要注重的是生态保护空间内在"质"的提升。即如何能在现有基础上进一步提高生态安全屏障功能，增强生态产品供给能力，进一步加大管控措施，规范开发行为，新形势下还需考虑如何利用现有生态资源发展适宜产业，推进生态扶贫。

就农业生产空间（688241 公顷，17.8%）而言，前文预测得出未来张掖市最高垦殖绿洲范围可达 5247.42 平方千米。到 2030 年，绿洲要处于亚稳定之上，这一数值最高为 486628 公顷，占到了国土资源面积的 12.60%。基于前文预测，在气候条件及径流量来水资源为高值约束即最为理想的状态前提下，张掖市农业生产空间最高只能达到国土资源总面积的 13.59%（524742公顷），远低于规划中农业生产空间不超过 17.8%（686942.22 公顷）这一规模。所以，规划中所给出的农业发展空间比例，实际上是严重超出绿洲稳定负荷的。建议在未来的规划中，根据水资源情况严格控制垦殖绿洲规模以及农业生产空间规划面积。同时，严格保护耕地和基本农田面积，积极研发内陆河流域地区高效节水模式，优化农业开发方式，积极地发展现代农业和设施农业，力争在不突破绿洲亚稳定的基础上，实现农业生产的增值增效。

就城市发展空间（116540 公顷，3.0%）而言，2030 年生态保护空间的具体数值和比例是（94628.04 公顷，2.45%）。可以看出，国家不仅强调当地在生态保护方面的重要性，也根据地区实际给后续的经济社会可持续发展留足了余地。未来，在进一步拓展城市发展空间的同时，也要注重城市发展的内涵，在夯实生态宜居城市发展基础上，推进新型城镇化的建设，同时利用当地的特色文化资源，大力发展现代工业和服务业，同时着力推进资源高效利用型的循环经济体系和节水节能减排型的工业体系在当地的构建与发展。

6.3 未来情景下土地资源资产负债预估

综合前文对于 2030 年土地资源利用数量及结构的模拟预测，以及根据未来规划的纠偏调整，本书得出 2030 年的地类结构如表 6.13 所示。

表 6.13　　　　　　　　　　2030 年张掖市各个地类的实物量

土地资源类型	耕地	园地	林地	草地	城镇村及工矿用地	交通运输用地	水域及水利设施用地	其他用地
面积（公顷）	363991.53	6929.57	485490.63	2100762.86	61888.11	32739.94	163211.05	644212.31

6.3.1　未来情景下土地资源资产账户预估

为了能使现有的地类和未来预估地类能开展价值的比对，本书基于第 5 章中对于土地价值评估的各类方法，同时依据前文中的价格，计算未来土地量的价值，并根据上述预估地类的数量进行价值的计算和预估。由于未来的地类是预估值，无法判断其各类地的分级和质量，所以在经济价值的估算过程中，本书采用前文中各个地类的平均价格予以核算计量。

同时，本书沿用 2015 年的不变价格。通过计量核算，分别得到了张掖市 2030 年土地资源资产的实物量和价值量，具体如表 6.14 所示。

表 6.14　　　　2017 年与 2030 年各类土地实物资产经济价值量计量

土地利用类型	2017 年		实物量变动（公顷）	价值量变动（万元）	2030 年	
	实物量（公顷）	价值量（万元）			实物量（公顷）	价值量（万元）
耕地	354825.81	362530.07	9165.69	9331.46	363991.50	371861.53
园地	7213.81	1327.68	−284.24	−50.35	6929.57	1277.33
草地	2108904.62	5184390.10	−8141.76	−20015.16	2100762.86	5164374.943
林地	421077.94	1074345.00	64412.69	164343.57	485490.63	1238688.569
城镇及工矿用地	48509.69	4988615.45	13378.41	1332423.65	61888.10	6321039.10
交通运输用地	27481.14	4048793.55	5258.8	774778.47	32739.94	4823572.02
水域及水利设施	165099.42	24324080.69	−1888.37	−278213.36	163211.05	24045867.33

续表

土地利用类型	2017 年			2030 年		
	实物量（公顷）	价值量（万元）	实物量变动（公顷）	价值量变动（万元）	实物量（公顷）	价值量（万元）
其他用地	726113.53	213910.64	-81901.22	-31005.69	644212.31	182904.95
总计	3859225.96	40197993.18	0	1951592.60	3859225.96	42149585.78

按照 2015 年不变价格计算，本书预估 2030 年土地资源实物量的经济价值核算规模为 4214.96 亿元，相较于 2017 年，增加了 195.16 亿元，增幅 4.85%，呈"稳中有升"的变动状态。其中，增幅最为明显的是城镇及工矿用地，价值增量 133.24 亿元，增幅 26.71%；其次是交通运输用地，价值增量 77.48 亿元，增幅 19.14%；再次是林地，价值增量 16.43 亿元，增幅 15.30%，耕地表现相对稳定（价值增量 0.93 亿元，增幅 2.57%）。呈现出负增长的则是其他用地（价值增量 -3.10 亿元，增幅 -14.49%）、园地（价值增量 -0.005 亿元，增幅 -3.79%）、水域及水利设施（价值增量 -27.82 亿元，增幅 -1.14%）、草地（价值增量 -2.00 亿元，增幅 -0.39%）。

社会价值的估算中，本书根据已有资料得知张掖市的人口年度自然增长率为 5.06‰，到 2030 年城镇化率设为 48.5%（冯浩源等，2018），城镇居民的人均可支配收入年均增长率约为 8.4%，长期平均增长率约为 5.3%，农村居民人均可支配收入增长为 8.3%，家庭经营收入增速 7%。据上述材料得到，2030 年，研究区的人口数为 130.61 万人；农村人口人均可产生收入的土地面积为 0.57 公顷/人。农村居民人均可支配收入中，家庭经营收入达到 15215.91 元/人。城镇居民人均可支配收入达到 45613.40 元/人。环比计算，2030 年度政府为居民个人提供的失业保险金为 2583 元。

据上述各类基础数据条件，结合第 5 章中的方法开展计算得出，到 2030 年，张掖市的就业保障价值规模应为 391.81 亿元。按照现值计算公式，其现值规模应为 192.96 亿元。

2016～2019 年，张掖市的旅游收入分别为 114 亿元、157.30 亿元、210.7 亿元、269.8 亿元，增速分别为 31%、37.7%、33.9%、28%，总体来看，呈

现出"上升且逐步放缓"的趋势。根据未来 5 年旅游业收入规模预测分析（苏振，2011；冉敏，2014），中国旅游业收入年均复合增长率约为 12.99%①。据此计算，保守估计到 2030 年，张掖市的旅游收入规模最小值应为 1033.91 亿元。按照现值计算公式，其现值规模应为 475.13 亿元。

依据上述测算要素，根据第 5 章中的测算方法，得到 2030 年各类土地资源资产的社会价值，如表 6.15 所示。

表 6.15　　　　　2017 年与 2030 年各类土地实物资产社会价值量计量　　单位：亿元

社会保障价值	2017 年	2030 年	
		仅考虑人口及城镇化率变化	城镇化率 + 未来收入或价格因素
就业保障价值	150.02	192.96	391.81
旅游休憩价值	157.30	475.13	1033.91
总计	307.32	668.09	1425.72

生态价值估算中，本书参照第 5 章中估算所形成的生态因子当量价值表，即以静态和不变的价格的视角来开展测算，最后形成 2030 年各个生态系统所对应的综合生态价值。

结果显示，到 2030 年，按照不变价格计算的张掖市土地资源资产生态价值量为 845.91 亿元，相较 2017 年，增加 15.84 亿元，增幅 1.91%，如表 6.16 所示。

表 6.16　　　　　2017 年与 2030 年各类土地实物资产生态价值量计量

项目	2017 年		2030 年	
	实物量（公顷）	价值量（亿元）	实物量（公顷）	价值量（亿元）
农田生态系统	362348.48	14.38	370921.07	16.39
草地生态系统	2108290.54	375.66	2100762.86	373.47
林地生态系统	421015.44	127.13	485490.63	146.56

---

① 未来 5 年中国的旅游业收入规模的预测分析 [EB/OL]. 中投投资咨询网，http://www.ocn. com.cn/touzi/chanye/201903/iukrj13104855.shtml，2019 - 03 - 13.

续表

项目	2017 年		2030 年	
	实物量（公顷）	价值量（亿元）	实物量（公顷）	价值量（亿元）
城市生态系统	76813.72	1.09	94628.04	1.35
水域生态系统	165040.83	309.75	163211.05	306.31
其他	725716.96	2.06	644212.31	1.83
合计	3859225.96	830.07	3859225.96	845.91

6.3.2 未来情景下土地资源负债账户预估

根据前文的分析，本章所计量的土地资源负债账户主要包含环境损害负债与资源耗减负债。

对于环境损害负债而言，通过表 6.17 张掖市生态文明城市建设示范市（2018～2022 年）建设项目统计表，可以得出：在 2018～2022 年，张掖市用于生态修复和环境污染治理的投资共计 149.56 亿元，平均至每年约 29.91 亿元。所以，在未来 2030 年的规划当中，本书以此为参照，认为 2030 年国家仍能按照此水平予以投资和治理。

表 6.17　　　　2018～2022 年张掖市生态文明城市建设示范市建设项目统计

序号	项目类别	项目数（个）	投资估算（亿元）	投资比例（%）
1	生态修复保护工程	52	95.57	33.56
2	环境污染治理工程	47	53.99	18.96
3	特色优势产业工程	39	126.77	44.51
4	生态扶贫工程	2	2.4	0.84
5	改善人居环境倡导绿色生活	6	6.05	2.13
	总计	146	284.79	100

对于资源耗减负债而言，由于 2030 年的土地资源数据仍是预测数据，2017～2030 年的土地利用变化情况并没有实际发生，所以在本章的研究中对该要素暂时不予以考虑。

6.3.3 未来情景下土地资源资产负债表试编

综合上述 2030 年度土地资源实物资产经济、社会、生态服务价值的预估结果，以及前文中对于土地资源负债价值量的预估值，本书编制出 2030 年度张掖市的土地资源资产负债表，结合 2017 年土地资源资产负债表，形成了研究区 2017 年与 2030 年土地资源资产负债对照表（见表 6.18）。

表 6.18　　　研究区 2017 年与 2030 年土地资源资产负债对照表　　　单位：亿元

科目编号	资产类		2017 年期初值	不变价格 2030 年期末值	通货膨胀下的 2030 年期末值	科目编号	负债类	2017 年期初值	不变价格 2030 年期末值	通货膨胀下的 2030 年期末值
101	土地资源经济价值	耕地	36.25	37.19	58.02	201	环境损害负债	27.13	29.91	46.66
		园地	0.13	0.13	0.20	202	资源耗减负债	—	—	
		林地	518.44	516.44	805.65					
		草地	107.43	123.87	193.24					
		城镇村及工矿用地	498.86	632.1	986.08					
		交通运输用地	404.88	482.36	752.48					
		水域及水利设施用地	2432.40	2404.59	3751.16					
		其他用地	21.39	18.29	28.53					
		小计	4019.78	4214.96	6575.34					

续表

科目编号	资产类		2017年期初值	不变价格2030年期末值	通货膨胀下的2030年期末值	科目编号	负债类	2017年期初值	不变价格2030年期末值	通货膨胀下的2030年期末值
102	土地资源社会价值	就业保障价值	150.02	192.96	391.81					
		游憩价值	157.30	475.13	1033.91					
		小计	307.32	668.09	1425.72					
103	土地资源生态价值	供给服务	24.06	22.83	35.61					
		调节服务	628.77	631.57	985.25					
		支持服务	143.22	155.19	242.10					
		文化服务	34.03	36.31	56.64					
		小计	830.08	845.91	1319.62					
合计			5157.18	5728.96	9320.68	301	净资产	5130.05	5699.05	9274.02

资料来源："—"表示无有效数据。

同时，结合 2017 年土地资源资产负债表，形成了表 6.18 研究区 2017 年与 2030 年土地资源资产负债对照表。

根据表 6.18 得出，用不变价格计算的张掖市 2017～2030 年土地资源各地类资产及负债价值的变动。受人类社会发展、城镇及工矿用地规模扩张等主要因素影响，经济价值增加 195.18 亿元，增长到 4214.96 亿元，增幅 4.86%；受旅游产业的发展、土地资源旅游休憩价值大幅提升，社会价值增加 360.77 亿元，增长到 668.09 亿元，增幅 117.39%；土地资源的生态价值增加 15.83 亿元，增长到了 845.91 亿元，增幅 1.91%。

根据已有研究，若考虑人民币价值因素以及通货膨胀，至 2030 年所有价值都应增加 1.56 倍①，因此在表 6.18 中，在考虑人民币价值因素以及通货膨

---

① 现在的 1 万元，到了 2030 年还值多少钱？[EB/OL]. 腾讯网，https://new.qq.com/omn/20190520/20190520A0076S.html，2019－05－20.

胀因素的前提下，将土地资源资产中的经济价值、生态价值以及各类负债予以 1.56 倍的修正，社会价值则以本章表 6.15 中 "城镇化率 + 未来收入或价格因素" 条件下的估值为参考，得到 2030 年末张掖市的土地资源净资产规模达到了 9274.02 亿元。当然，这里仅用这个数据作相关参考，体现的只是一种未来通货膨胀下的可能性。

6.4　研究区未来土地资源利用与管理对策

6.4.1　研究区未来土地资源利用中存在的主要问题

本书第 4 ~ 6 章，对土地资源资产负债的实物量和价值量开展详细研究后，得出在现有的土地资源利用中，还是存在诸多的问题和缺陷的，主要集中在以下三个方面。

第一，以耕地和园地为主的农业生产空间用地单位面积经济价值需进一步大力提升。相对于全国，张掖市单位面积的经济价值产量仍处于较低水平。未来，需要进一步注重以耕地、园地为主的农业生产空间用地的集约经营，注重种植结构调整以及节水农业的协调发展，使耕地及园地为主的土地资源单位面积的经济价值产出量得到大幅提升。

第二，以城镇村及工矿用地、交通运输用地为主的城市发展空间用地社会价值需进一步深入挖掘。目前，以城镇村及工矿用地、交通运输用地为主的城市发展空间用地定位不够清晰明确。对于城镇村包括风景名胜用地等，需要进一步挖掘相关地类的社会价值内涵，找准定位，打造具有西部特色的知名城镇及风景名胜区；同时，对于工矿用地及交通运输用地而言，其未来的发展也要结合 "水缺、地广、人稀" 的现状去筹划。

第三，以林地、草地、水域及水利设施用地、其他用地为主的生态保护空间用地生态服务价值需进一步深度强化。积极转变政府、企业、社会民众意识，形成全社会共同开发、利用、保护的共性认识。不一味苛求以林地、草地、水域及水利设施用地、其他用地为主的生态保护空间用地经济价值的实现和提升，更应注重生态服务和生态产品的供给服务等生态价值功能的发挥，努力做到开发和管控并举，力争实现经济价值和生态价值的双赢。

下面本书将结合前文中描述到的基于农业生产空间、城市发展空间、生态保护空间的，涉及八个一级地类的三大问题，从积极发挥张掖市主体功能规划中划定的农业生产用地、生态保护用地、城市发展用地这三大方面作用出发，开展相关对策的讨论和研究，以期对张掖市未来土地资源的可持续利用提供可借鉴的建议。

6.4.2 研究区未来土地资源利用的对策研究

1. 基于农业生产用地的对策研究

作为我国西北的粮食主产区之一，张掖市在主体功能区规划中，明确限定，需要严格控制耕地以及基本农田面积，确保耕地保有量在 35 万公顷以上，基本农田面积 23 万公顷以上；进一步加大节水灌溉和田间林网建设，加快标准农田实施和水利设施建设，保证水灌溉利用率提高到 0.57，年节水量达 1 亿立方米；大力发展循环农业，考虑对农业资源实施循环化、减量化生产，延长再利用链条，进一步提升生态农产品的供给能力。

总体来说，就是进一步注重耕地、园地的集约经营，强化种植结构调整，促进节水农业协调发展，积极提升包括耕地及园地等土地资源在内的农业生产用地单位面积经济价值量。主要考虑以下几方面的措施。

（1）继续优化区域耕地资源的种植结构，开展灌区节水改造。2003 年开始，张掖市取消了水稻的高耗水种植（袁伟等，2006）。将粮、经、饲的种植结构比例调整为 70：25：5。2012 年左右，张掖市的玉米制种、马铃薯、牧草、啤酒大麦、中草药等低耗水种植作物的垦殖面积达到 1.33×10^{5} 公顷，年节水量达到 $1.60 \times 10^{8} \sim 2.40 \times 10^{8}$ 立方米，有效地缓解了耕地资源对于水资源的压力（郭晓东等，2013）。同时，自 2000 年以来，黑河中游流域通过大力推广渠道防渗、滴灌、喷灌、微灌、低压管灌等节水技术，水资源综合压力指数下降了 38%。未来，张掖市仍要进一步保持种植结构调整的优势经验，同时进一步对相关举措进行优化升级，具体有：第一，继续推进高标准农田及节水灌溉水利设施建设工作，加强农田基础设施建设，发展滴灌、喷灌、微灌等高效节水灌溉面积，为保证实现"继续推进甘肃省张掖市全国新增 1000 亿斤粮食生产能力规划项目"保驾护航，保证农业生产用地在产出效益及产量上的优势。第二，构建张掖市节水型农业体系，严格落实《张掖市建设农产品安全大市管理办法》，打造国家级的高原夏菜、商品玉米、制种玉米以及专用加工型蔬菜基地，以及特色林果、中草药、马铃薯、酿酒原料、优质油菜等种植基地，进一步完善现代农业产业基础，全面提升张掖市农产品品牌形象和市场竞争力，为农业生产用地单位面积经济价值量的提升打好基础。

（2）鼓励农地的高效流转，促进农民专业合作社和家庭农场建设。笔者研究（Zhu et al.，2018）发现，张掖典型荒漠绿洲的土地经营过程中，不同的社会阶层与身份的成员，对于水—土资源的占有量是不公的，如表 6.19 所示。

表 6.19　　　　　　　　　　各类农户家庭用水比例和土地利用状况

不同类型的农民	土地面积（公顷）	每户用水比率	修正比率
普通农民	0.55	1	1
典型农场负责人	2.11	4	5
农业合作社负责人	2.76	5	8
村干部	4.23	8	9

在现有的气候条件、种植方式下，由于家庭经济条件、经营能力和教育水平的不同，农户间开展种植的模式仍有很大差异。对于普通农民和劳工经纪人个人而言，目前仍专注于传统农业，成本较高，收益及产出较低；而以村干部为代表的个体户，则开始专注于大规模的机械化作业，生产效率较高；大型农场与合作社，受规模经济的影响，其在生产经营活动过程中，吸纳了包括设施农业在内的诸多农业创新技术，收益和产出较高。研究结果表明，大型农场、农业合作社与村干部的经营方式都不同程度地提升了水资源的利用效率以及单位面积土地资源的实际产出能力。

由此建议，通过倡导农村地区耕地等土地资源的规模流转，将单个的农民从小本经营的个体户身份中脱离，实现城镇的再就业，或者转化为农业雇工，让土地能够真正规模化经营，并通过引进先进农业技术与理念，实现大规模种植，更好地实现水资源和土地资源耕作效率以及收入效益的大幅提升，在经济层面或者收入分配层面实现水—土资源的公平分配，具体运作模式如图6.5所示。

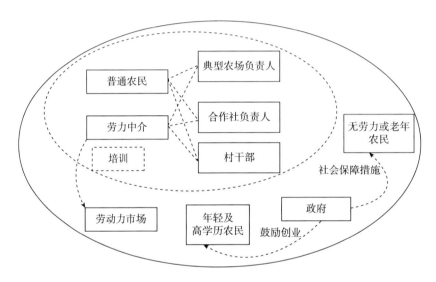

图6.5 农村劳动力转移及农地大规模经营的模式示范

具体运作模式描述：为了达到规模化经营的目的，需要积极开展农户间的土地流转，同时利用乡村劳动经纪人的优势和能力，把农村富余劳动力从自己经营的农地和农业中解放出来，转移到更为需要劳动力的产业和地区，其中一部分不愿离乡的农民可直接转移到附近的大型农场或牧场、农业合作社，或大规模农业种植农地中，成为劳动雇工；而另一部分则可以通过劳动培训迁移到周边城镇或城市中心再就业。同时，在此模式中，地方政府也应积极出台相应政策，积极鼓励受过教育的年轻农民利用自己的教育及文化水平优势回乡开展规模化经营或在乡创业，并进一步加强各类相应社会保障措施的出台，如创新"以地养老"等政策模式，让中老年人真正实现即便离开农田基本生活也能够得到保障。

2. 基于城市发展用地的对策研究

在基于城市发展用地的对策研究上，需进一步强化城市、乡镇和农村的协调发展，需要进一步挖掘相关地类的社会价值内涵，找准定位，打造具有西部特色的知名城镇及风景名胜等；对工矿用地、交通设施用地要结合"水缺、地广、人稀"的现状筹谋未来发展，开展合理规划布局，逐渐形成基础设施优良、城乡统筹发展的良性格局。

（1）以风景名胜用地为依托，深度挖掘其内在文化属性与内涵。2018年，张掖市境内的游客接待量达到了 3178 万人次，旅游综合收入达到了210.7 亿元，相较 2016 年，分别增长了 22.2% 和 34%。同时，旅游业带动第三产业实现的增加值为 227.77 亿元，占到了张掖市年度 GDP 比重的55.87%，以文化旅游为"领头羊"的第三产业现已经成为推动张掖市经济社会转型发展最为活跃和有力的要素（王志俭，2019）。

基于此，需要进一步基于现有的风景名胜用地，强化对于研究区域风景名胜用地的"品质化"管理，通过对于此类地类内在文化的深度挖掘与提升，依托张掖市独有的山水资源和丝路古道的厚重历史文化，积极打造"一城两翼三带九区"的旅游产业发展新格局，借助华夏文明传承创新区建设机遇，做大做强宜居宜游生态旅游文化产业。

同时，加快旅游开发与富民、就业融合。积极引导旅游景点、风景名胜周边村镇居民参与住宿、餐饮、咨询、交通、购物以及文化娱乐等旅游服务，通过开办家庭旅馆、农家乐、旅游纪念品商店等，借机带动乡村旅游的发展，促进当地农民的增收，并培训周边居民从事景区的管理、导游、安保、环卫等辅助性工作，带动周边乡镇的就业。

（2）以现有城镇用地为基础，推进新型城镇化建设。按照张掖市现有的基础设施现状，开展城市建设用地中各类基础设施的全方位升级。在城市基础设施方面，主要集中精力推进城镇化改造。例如，加快城镇道路的改造升级、排污—供水—生活垃圾填埋场的完善、燃气利用工程的建设、公厕—垃圾中转站等基础设施在内的升级改造工作。同时，进一步加快城市管理的数字化、信息化建设，并致力于信息安全和应急保障能力的提升。在公共服务基础设施方面，第一，继续推进户籍管理制度改革，引导农村及非农产业人口向建制镇、县城有序转移；第二，规范幼儿园、中小学优化配置，推进城乡教育系统的均衡发展；第三，加快乡镇村民活动中心、文化站、农家书屋以及各类镇卫生院、村卫生室建设，进一步整合新型农村合作医疗、城镇居民基本医疗保险制度。在城市生态环境方面，着力打造张掖市的"中国地貌景观大观园、暑天休闲度假城、高端户外运动体验区、丝绸之路古城邦"四张名片，积极巩固临泽国家园林县城、高台省级园林县城成果，创建甘州区国家园林城市、民乐及肃南省级园林县城。

（3）优化工业用地企业节水措施，提升生态工业水平。"工业强市"战略实施以来，张掖市的水务、环保以及资源管理各部门进一步加强了对企业用水量的严格限制考核以及加大对水污染治理的强制措施；通过引进先进技术设备，以及多渠道增加节水投入，工业用水重复利用率提升至了65%。2000～2010年，黑河流域万元GDP用水量减少了约1153.7立方米。

未来十年，张掖市需要在已有的张掖经济技术开发区、高台工业园、民乐生态工业园、临山丹城北工业园、祁青工业集中园等工业园基础上，着力推进包括循环经济体系（资源高效利用型）和生态工业园区体系（节能节水减排型）在内的两大体系建设。

以特色农副产品深、精加工及资源的综合利用为主，积极推进水电、风电、生物质能、太阳能光伏发电等清洁能源产业化发展，延伸补充缺失的产业链，加大技术改造力度以及工业结构调整强度，提升工业品的附加值，淘汰落后的生产技术和产能，让循环经济真正能够成为张掖市经济发展的"内生动力"。同时，需要进一步推进工业园区基础设施建设步伐，完善道路通信、交通、给排水、污水处理、垃圾处理等配套设施，建立学校、医院等公共服务设施，营造出良好的投资环境。

（4）以交通运输用地扩张为契机，强化普惠民众、改善民生。充分发挥张掖市在区位交通等方面的优势，抢抓国家建设丝绸之路经济带历史机遇，加快城市供电、供水、供暖、公交等基础设施以及公共服务向乡村延伸；集中连片开展统一规划，加快推进旧村以及危旧房的改造，提高农村居民住房标准，加大乡村容貌整治力度，完善村镇的供水、供电、排水、通信、网络、道路等基础设施，为农村居民营造良好的生产、生活环境。

同时，大力发展新型物流产业。以甘州区为中心，以各个县城为支撑，打造现代城市物流发展主骨架；大力发展特色农产品的冷链物流，加快包含冷链仓储、配送中心、运输场站等在内的商业物流设施的建设力度。积极引进、培育大型的商贸连锁企业，提升物流业的整体发展水平。着力推动各个县乡农贸交易市场升级改造，打造完善健全的县—乡两级市场体系。进一步推进"三网"的融合，加快发展包括信用服务、安全认证、在线支付在内的金融租赁、电子商务—保险、法律、信用担保、咨询等现代服务业。

3. 基于生态保护空间用地的对策研究

进一步转变政府、企业、社会民众意识，不一味苛求经济价值的实现和提升，要更注重生态服务和生态产品的供给服务等功能，努力做到开发和管控并举，力争实现经济价值和生态价值的双赢。

（1）提高生态安全屏障功能，增强生态产品供给能力。着力开展祁连山、黑河以及北部荒漠植被封育保护区的生态建设与保护工作。

祁连山水源涵养生态保护区：第一，要积极开展林地的保护和建设。开展现有森林的抚育工作，继续加强虫、病、鼠害的管控以及火灾的预防以及治理，并积极按照主体功能区森林覆盖率的要求，开展相关的森林恢复，进一步加大森林边缘区农田林网带和弃耕地植被的建设与恢复工作，提高林草覆盖率。第二，坚持湿地与草地的保护工作。加大湿地盐渍化、沙化预防及各类退化草地的限牧和封禁工作，开展全面的火灾防治、草原鼠害防治以及综合排查工作，适度提高退化草地植被覆盖率，恢复和治理退化草地。第三，更为紧迫地开展冰川环境保护工作。积极地通过开展人工干预增雨（雪）工程，设立警示标志，加强引导和管理，同时提升群众的冰川保护意识等。

黑河湿地保护区：首先，强化湿地的保护与恢复。通过政府手段，进一步细化统筹全流域的水资源合理调配，适度增加中游的生态用水规模，更新已死亡及濒临死亡的生态林，未来十年内，逐步恢复中游已退化的林草植被和天然湿地，并进一步加强珍稀物种栖息地修复。其次，加强防护林带建设。加快张掖流域内尤其是中游农田防护林体系建设，同时进一步开展防风固沙大型骨干林的构造工作，更新改造各类残次林，同时对中下游衔接地段的荒漠湿地过渡地带加强沙生植被的封育和保护工作。最后，需要在国家层面尽快建立东中西区域内以及黑河流域上中下游间的调水生态补偿机制，并可以考虑对为保护黑河作出贡献的当地居民按照控制分水水量给予转移支付，或一定的经济补偿，为黑河全流域未来的可持续发展提供保障。也可在黑河或祁连山地区率先建立区域生态补偿试点，为国内相关生态区域的保护工作提供范例。

北部荒漠植被封育保护区：此区域的主要任务是以防沙固沙林建设为主，积极开展区域的封禁及生物治沙工作，同时对于类似"平山湖乡"等地区在内的乡镇村庄要尽快地实施农牧民的移民转移，以便此区域能维持现有生态的平衡，减少人为因素对其大环境的各类干扰。

（2）规范各类开发行为，加强区域管控。需要建立全方位的、立体的、完善的监测体系，对冰川、森林、草原、湿地、沙漠等资源要素，以及相关的气象、水文水质、水土保持、有害生物以及生物多样性开展系统性的监测。同时，需要严控和打击各类违规或破坏开发行为，并进一步加大管制和宣传力度。

祁连山和黑河国家级自然保护区：严格按照保护区的核心区、缓冲区、实验区三大类开展分类管理。核心区严禁任何生产建设活动；缓冲区除必要的科学实验活动外，严禁其他任何生产建设活动；实验区除必要的科学实验以及符合自然保护区规划的旅游、种植业和畜牧业等活动外，严禁其他生产建设活动（呼延佼奇等，2014）。未来十年，张掖市需要逐步按照自然保护区核心区、缓冲区、实验区的顺序，开展生态移民，转移区内人口；同时，各类新建公路、铁路等基础设施不可穿越核心区，避免穿越缓冲区。对于基础设施建设的通信、交通、电网等，按照能避则避原则，必须穿越的，需要符合相关规划，同时实行严格的专题评价；按照草原的承载能力，严格核定草地牲畜数量，对超载区或过度放牧区实行严格的限牧或禁牧政策。

森林公园及地质公园：不得随意占用、征用和转让林地；除必要附属设施以及保护设施外，禁止开展任何与资源保护无关的生产建设活动，未经管理机构批准，禁止在地质公园内采集标本和化石；禁止在森林公园、地质公园及可能造成损害的周边地区进行取土、开矿、采石、放牧或者类似于非抚育和更新性采伐活动等；同时，需要严格按照地质公园或森林公园规划建设旅游涉及的基础设施等，逐步拆除各类与规划不符的建设设施；严格按照环境容量以及资源状况开展旅游规模的测算并进行有效控制，保证旅游业的开展不损害到森林以及野生动植物资源的生存权益。

（3）发展适宜产业，推进生态扶贫。加快祁连山核心区、缓冲区的农牧民生态移民，同时以张掖市的城市发展空间为主要安置区，切实减轻各类人为生产生活活动对祁连山生态环境的影响和压力；积极有序地引导上述保护区以内的居民转变思想，转化生活生产方式，通过政府政策引导，在各个自然保护区以外的区域内扶持与发展文化、旅游、特色产业等，吸纳其就业。抑或在诸如祁连山浅山区适当发展特色林果业及设施葡萄、食用菌、药材等特色农业和优质牧草基地、设施养殖业等，在生态破坏与影响最小的情况下，保证当地农牧民脱贫致富、安居乐业。

6.5 小 结

本章详细地分析了研究区历史时期土地资源利用的各类驱动因素，并确定了以气候变化和出山径流变化为主导的驱动因素，同时结合国家在张掖市的相关土地利用规划以及国家主体功能区建设规划，开展了未来情景下土地资源利用变化的预测模拟。基于此，开展研究区域到 2030 年的土地资源的资产与负债账户预估，编制 2030 年土地资源资产负债表，结合预估结果以及未来规划，提出研究区土地资源利用中存在的问题，给出了研究区未来土地利用与管理中的相关对策和建议。

第7章 结论与展望

7.1 结　　论

本书以陆上丝绸之路经济带核心段的张掖绿洲为研究区，以土地资源资产负债研究为突破口，在对张掖市 2012～2017 年土地利用变化及土地资源资产负债实物量统计、分析与计量的基础上，利用现代主流的价值化方法，详细计量分析了研究区土地资源资产负债的经济、社会与生态服务价值，建立了土地资源资产负债的实物量和价值量账户，编制了土地资源资产负债表。基于张掖市未来土地利用相关规划，结合气候变化、出山径流量与主体功能区规划分析，预估了未来土地资源结构变动及各地类数量，尝试编制了至 2030 年的土地资源资产负债表。

（1）张掖市土地资源实物量变化。2012～2017 年，一是交通运输用地变化最为显著，增幅高达 253.83%；二是水域及水利设施用地，增幅达到了 69.36%；三是耕地资源，增幅达到了 39.37%；四是林地，增幅为 12.83%；五是草地和城镇村及工矿用地增幅分别达到 4.32%、13.41%，而园地和其他土地呈现负增长。

（2）张掖市各类土地资源的经济价值、社会价值与生态价值核算。2012～2017 年，张掖市资产类价值量共增加了 1699.3 亿元，增幅达到了 49.14%。其中，土地资源社会价值增速最快，达到了 98.85%，增加值为 152.77 亿元；其次是土地资源经济价值，增幅为 52.76%，增加值为 1388.31 亿元；最后是土地资源生态服务价值，增幅为 23.55%，增加值为 158.22 亿元。其中，增幅超过 50% 的，有三项：一是近年张掖市旅游收入呈爆发式增长的状态，社会价值中的游憩价值增加 130.2 亿元，增幅 480.44%；二是随着高铁等设施的修建，乡

144

村道路拓宽等，交通运输用地经济价值增加 290.45 亿元，增幅 253.82%；三是水域及水利设施用地经济价值增加 996.12 亿元，增幅 69.35%。

（3）张掖市土地资源资产负债表试编。张掖市 2012 年与 2017 年的土地资源资产分别为 3457.88 亿元、5157.18 亿元，增加 1699.30 亿元，增幅 49.14%，表明张掖市的土地利用及其政策是积极稳妥的，土地利用结构变化发挥了正向驱动作用，实现了土地资源的增值。其中，土地资源社会价值增速最快，增加值 152.77 亿元，增幅 98.85%；其次是土地资源经济价值，增加值 1388.31 亿元，增幅 52.76%；最后是土地资源服务价值，增加值为 158.22 亿元，增幅为 23.55%。与此同时，对应的负债分别达到 15.93 亿元、27.13 亿元，增长 70.31%，表明张掖市对于在土地资源利用过程中所造成的各类环境损害问题已经加大重视，除土地整治与整理外，土地污染治理、水土保持治理这两项工作也成为近两年来当地政府部门在土地资源有效治理方面的重点和热点。

（4）张掖市 2012~2017 年土地资源变化原因解析。张掖市交通运输用地规模变化最为显著，其原因为：一是张掖市作为连接中国和欧亚大陆的关键枢纽，近年来国家加大了交通基础设施尤其是高速铁路的建设投入；二是国家对乡村道路进行拓宽硬化修缮，乡村道路等基础设施得到极大改善；三是相对于其他地类，基数较小。水域及水利设施用地的变化相对剧烈，其原因为：一是水资源管理的措施得当，水利设施建设规模的力度大；二是农地水利设施的新建修缮；三是基数较小，增幅较大。耕地资源用地规模稳步增长，其原因为：一是用于农地灌溉的水资源规模稳定并有所增长；二是科学的田间管理和灌溉技术；三是足够的后备耕地资源。林地规模呈现稳定增长状态，其原因为：一是"三北"防护林的建设；二是田间林网的建植；三是祁连山生态保护以及主体功能区建设中的森林覆盖率要求。草地呈现出了正常范围内的增幅，是自然条件演变的规律性所在，也是生态建设的相关要求；城镇及工矿用地随着人口增长、工业及社会经济发展，体现出一种和社会经济相适宜的增长；园地和其他用地呈现负增长，园地减少是种植结构调整在地类上的表现，其他用地减少则反映出张掖市近年来经济社会发展势头良好，进而向未利用地要地的一种现实需求。

（5）未来（2030 年）张掖市土地资源地类面积预估。通过未来张掖市土地资源各个地类 2030 年的面积预估，本书认为主体功能区规划中，大部分地类面积都在合理范围内，土地利用规划基本合理，但是以耕地、园地等为主的农业发展空间规划规模须进行相应调整。按照预测，若要使张掖绿洲保持在亚稳定状态之上，则绿洲灌溉面积必须控制在 486628 公顷，即农业生产空间最高为 12.60%；若气候及出山径流为最理想条件，此规模也只能达到 13.59%，即 524742 公顷，远低于规划中农业生产空间不超过 17.8%（686942.22 公顷）这一规模。规划中所给出的农业发展空间比例，实际上是严重超出绿洲稳定负荷的，建议在规划中根据上述实际对农业发展空间比例进行调整。

（6）2030 年张掖市土地资源资产负债表。按照 2015 年不变价格进行核算，2030 年，张掖市土地资源资产规模可达到 5728.96 亿元，负债规模 29.91 亿元，净资产规模将达到 5699.05 亿元。相较于 2017 年，增幅分别为 11.09%、10.25%、11.09%。其中，受人类社会发展、城镇及工矿用地规模扩张等主要原因影响，经济价值增加 195.18 亿元，增长到 4214.96 亿元，增幅 4.86%；受旅游产业的发展、土地资源旅游休憩价值大幅提升，社会价值增加 360.77 亿元，增长到 668.09 亿元，增幅 117.39%；土地资源的生态价值增加 15.83 亿元，增长到了 845.91 亿元，增幅 1.91%。

（7）未来土地资源利用与管理对策。耕地和园地为主的农业生产用地方面，进一步注重耕地、园地的集约经营，注重种植结构调整以及节水农业的协调发展，提升耕地及园地资源单位面积经济价值量；在城镇村及工矿用地、交通运输用地为主的城市发展空间方面，进一步挖掘相关地类的社会价值内涵，找准定位，打造具有西部特色的知名城镇及风景名胜等，工矿用地及交通运输用地发展要结合"水缺、地广、人稀"的现状筹谋未来发展；林地、草地、水域及水利设施用地、其他用地为主的生态保护空间用地方面，需要转变政府、企业、社会民众意识，注重生态服务和生态产品的供给服务等功能，努力做到开发和管控并举，力争实现经济价值和生态价值的双赢。

7.2　问题与展望

本书尝试性地编制了张掖市土地资源资产负债表，并通过基于未来气候变化、出山径流以及规划情景的判断，开展了相关预估工作，对于未来的土地资源利用工作及政策制定起到了一定的指导作用，但仍存在以下不足。

第一，对于研究区域的数据统计应该更为细化，主要表现为：应该进一步将所在研究区域的各个区、县乃至镇的土地资源利用资产负债情况，开展单独的核算与区分。因为对于流域而言，不同的地、县、区土地利用结构是截然不同的，若能细化至县一级，则更能有针对性地提出土地利用中存在的相关问题以及对策分析。

第二，对于负债的核算，应该更为全面地纳入与土地资源相关的各类资源耗减计算。具体表现为：本书仅对资源损耗以及环境损害开展了详细统计与分析，而对于资源耗减即土地资源与水、气、土的价值连接与损害没能予以估值计算，在未来的相关测算中，计划将其纳入负债的范围继续开展相关研究。

第三，对于资产的生态价值核算而言，若要在更长时间序列上开展估算的话，应该进一步探索一种动态的价值计算方法，本书中静态的价值估算，尽管在短时间内误差不明显，但是若下一步开展例如五十至百年的估算，就需要对其方法进行重新审视与选择，用动态的视角来开展估算。

第四，未来的预估由于情景约束的影响，可能在某些限制条件的约束设置上，考虑仍不够周全。可能在未来估值上，会存在一定的误差，可能导致分析结果存在一些不确定性。

总体而言，本书在丝绸之路经济带典型荒漠绿洲地带第一次尝试性地开展了土地资源资产负债的研究工作，研究结果表明在 2012～2017 年，张掖市的整体土地资源资产负债规模都处在一个合理的规模和趋势上。相对于其他区域的研究而言，受该区域水资源的限制，草地和其他用地规模占据了主导地位。所以核算上还是存在很大的个性和特殊性。目前，西北干旱半干旱区的绿洲面临着水资源短缺、绿洲生态退化、盐渍化以及沙漠化等生态问题的影响。随着国家"一带一路"倡议在当前区域的实施和推行，以及近年来祁连山和黑河的生态保护，开展土地资源的利用和资产负债研究对于区域发展而言也确实是有其实际需求和意义的。究竟在内陆河流域水资源量平衡、社会经济发展转型、产业结构布局调整、科技支撑水平提升、生态环境保护约束、区域可持续发展等诸多问题和制约条件下，未来内陆河流域的各类土地资源究竟如何平衡和发展也是亟须研究的。所以，在今后的研究中，还应在基于土地资源的结构，与其相关的耗水量、灌溉量，以及地类和流域间的水文循环特征等因素，科学地进行各地类的规模规划与空间布局，力争实现区域的永续平衡与发展。

参考文献

［1］柏连玉．森林资源资产负债表编制的理论基础探讨［J］．绿色财会，2015（10）：3－9.

［2］毕宝德，柴强，李铃，等．土地经济学［M］．北京：中国人民大学出版社，2001.

［3］曹志宏，郝晋珉，梁流涛．黄淮海地区耕地资源价值核算［J］．干旱区资源与环境，2009，23（9）：5－10.

［4］陈效逑．自然地理学［M］．北京：北京大学出版社，2001.

［5］陈艳利，弓锐，赵红云．自然资源资产负债表编制：理论基础、关键概念、框架设计［J］．会计研究，2015（9）：18－26.

［6］陈正华．基于CASA和多光谱遥感数据的黑河流域NPP研究［D］．兰州：兰州大学，2006.

［7］程国栋．黑河流域水—生态—经济系统综合管理研究［M］．北京：科学出版社，2009.

［8］程国栋，肖洪浪，徐中民，等．中国西北内陆河水问题及其应对策略——以黑河流域为例［J］．冰川冻土，2012，28（3）：406－413.

［9］程建忠，陆志翔，邹松兵，等．黑河干流上中游径流变化及其原因分析［J］．冰川冻土，2017，39（1）：123－129.

［10］崔亚飞，祁丹．官员离任政绩审计土地资源核算表编制［J］．盐城师范学院学报：人文社会科学版，2017，37（3）：9－14.

［11］丁洪美．联合国大会宣布"联合国生态系统恢复十年"决议［EB/OL］．中国绿色时报，http：//www．forestry．gov．cn/main/72/20190314/101847589271601.html，2019.

［12］范宏斌，石培基，吕立刚．张掖市城乡建设用地布局优化研究［J］．

国土与自然资源研究，2009（4）：29 – 30.

［13］封志明，杨艳昭，李鹏. 从自然资源核算到自然资源资产负债表编制［J］. 中国科学院院刊，2014，29（4）：449 – 456.

［14］冯浩源，石培基，周文霞，等. 水资源管理"三条红线"约束下的城镇化水平阈值分析——以张掖市为例［J］. 自然资源学报，2018，33（2）：287 – 301.

［15］甘泓，汪林，秦长海，等. 对水资源资产负债表的初步认识［J］. 中国水利，2014（14）：1 – 7.

［16］高敏雪. 扩展的自然资源核算——以自然资源资产负债表为重点［J］. 统计研究，2016，33（1）：4 – 12.

［17］高志辉. 基于现金流动制的自然资源资产负债表设计初探［J］. 会计之友，2015（6）：5 – 8.

［18］耿建新，刘祝君，胡天雨. 编制适合我国的土地资源平衡表方法初探——基于实物量和价值量关系的探讨［J］. 会计之友，2015（2）：7 – 14.

［19］耿建新，王晓琪. 自然资源资产负债表下土地账户编制探索——基于领导干部离任审计的角度［J］. 审计研究，2014（5）：20 – 25.

［20］宫丽彦，程磊磊，卢琦. 荒地的概念，分类及其生态功能解析［J］. 自然资源学报，2015，30（12）：1969 – 1981.

［21］郭晓东，陆大道，刘卫东，等. 节水型社会建设背景下区域节水措施及其节水效果分析——以甘肃省河西地区为例［J］. 干旱区资源与环境，2013，27（7）：1 – 7.

［22］国家发展和改革委员会价格司. 全国农产品成本收益汇编2011［M］. 北京：中国统计出版社，2011.

［23］国家林业局. 中国林业统计年鉴2010［M］. 北京：中国林业出版社，2010.

［24］韩德军. 土地资源资产负债表编制方法探究［J］. 才智，2015（22）：291 – 292.

［25］韩淑丽. 水资源核算研究的新视角——《完全消耗口径的中国水资源核算问题研究》评介［J］. 财经问题研究，2016（11）：145.

［26］洪燕云，俞雪芳，袁广达．自然资源资产负债表的基本架构［A］//中国会计学会环境会计专业委员会 2014 年学术年会论文集［C］．2014.

［27］侯焱臻，赵文武，刘焱序．自然衰退"史无前例"，物种灭绝率"加速"——IPBES 全球评估报告简述［J］．生态学报，2019，39（18）.

［28］呼延佼奇，肖静，于博威，等．我国自然保护区功能分区研究进展［J］．生态学报，2014，34（22）：6－11.

［29］胡乃军．公用技术人员终生收入期望研究［J］．公共管理评论，2010（1）：68－85.

［30］胡蓉，邱道持，谢德体，等．我国耕地资源的资产价值核算研究［J］．西南大学学报：自然科学版，2013（11）：127－132.

［31］胡顺军，宋郁东，田长彦，等．渭干河平原绿洲适宜规模［J］．中国科学（D 辑：地球科学），2006，36（z1）：21－35.

［32］胡文龙，史丹．中国自然资源资产负债表框架体系研究——以SEEA2012，SNA2008 和国家资产负债表为基础的一种思路［J］．中国人口·资源与环境，2015，25（8）：1－9.

［33］黄梦．审计视角下自然资源资产负债表项目认定与框架构建研究［D］．蚌埠：安徽财经大学，2018.

［34］黄溶冰，赵谦．自然资源核算——从账户到资产负债表：演进与启示［J］．财经理论与实践，2015a，36（1）：74－77.

［35］黄溶冰，赵谦．自然资源资产负债表编制与审计的探讨［J］．审计研究，2015b（1）：37－43.

［36］黄贤金．江苏省耕地资源价值核算研究［J］．江苏社会科学，1999（4）：55－60.

［37］黄晓荣，张新海，裴源生，等．经济用水与生态用水的优化模拟耦合模型研究［J］．人民黄河，2006（1）：46－48，82.

［38］黄雨生．基于北京和上海的超大城市环境污染经济损失核算及其影响因素分析［D］．兰州：兰州大学，2016.

［39］季曦，刘洋轩．矿产资源资产负债表编制技术框架初探［J］．中国人口·资源与环境，2016，26（3）：100－108.

［40］贾玲，甘泓，汪林，等．水资源负债刍议［J］．自然资源学报，2017，32（1）：1-11.

［41］江东，付晶莹，封志明，等．自然资源资产负债表编制系统研究［J］．资源科学，2017，39（9）：1628-1633.

［42］姜文来，龚良发．我国资源核算演变历程问题及展望［J］．国土与自然资源研究，1999（4）：43-46.

［43］蒋洪强，王金南，吴文俊．我国生态环境资产负债表编制框架研究［J］．中国环境管理，2014（6）：1-9.

［44］蒋立，张志涛．森林资源核算理论研究国际进展综述［J］．林业经济，2017（7）：74-87.

［45］颉耀文，王学强，汪桂生，等．基于网格化模型的黑河流域中游历史时期耕地分布模拟［J］．地球科学进展，2013（1）：75-82.

［46］李金昌．关于环境价值的探讨［J］．绿色中国，1993（4）：1-9.

［47］李金华．论中国自然资源资产负债表编制的方法［J］．财经问题研究，2016（7）：3-11.

［48］李丽，刘普幸，姚玉龙．近28年金昌市土地利用动态变化及模拟预测［J］．生态学杂志，2015，34（4）：1097-1104.

［49］李文鹏，康卫东．西北典型内流盆地水资源调控与优化利用模式：以黑河流域为例［M］．北京：地质出版社，2010.

［50］凌红波，徐海量，刘新华，等．新疆克里雅河流域绿洲适宜规模［J］．水科学进展，2012，23（4）：563-568.

［51］刘慧平．中国国民经济核算体系（2002）［J］．中国经济景气月报，2003（8）：120-121.

［52］刘向敏．关于自然资源资产负债表编制中土地资源核算的思考［J］．中国国土资源经济，2018，31（4）：34-38.

［53］刘毅，张翠红．自然资源资产负债表的编制框架与核算路径研究［J］．中国注册会计师，2017（3）：98-102.

［54］刘喆．黑河流域水资源变化及其对土地利用变化的影响［D］．兰州：西北师范大学，2011.

［55］娄伟．中国生态文明建设的针对性政策体系研究［J］．生态经济，2016，32（5）：200－204．

［56］吕杰．土地资源环境价值核算研究［D］．昆明：昆明理工大学，2012．

［57］吕媛琦．基于复式记账的土地资源资产负债表编制研究［D］．郑州：中原工学院，2019．

［58］马忠，龙爱华，王勇．水资源环境经济综合核算与社会化管理研究［M］．北京：科学出版社，2013．

［59］门计林，刘越岩，张斌，等．多结构卷积神经网络特征级联的高分影像土地利用分类［J］．武汉大学学报（信息科学版），2019，44（12）：1841－1848．

［60］潘韬，封志明，刘玉洁，等．自然资源资产负债表编制中的负债核算方法与案例［J］．国土资源科技管理，2019，36（2）：74－84．

［61］潘勇军．基于生态GDP核算的生态文明评价体系构建［D］．北京：中国林业科学研究院，2013．

［62］乔晓楠，崔琳，何一清．自然资源资产负债表研究：理论基础与编制思路［J］．中共杭州市委党校学报，2015（2）：73－83．

［63］邱道持．土地资源学［M］．重庆：西南师范大学出版社，2005．

［64］冉敏．基于指数型模型的我国国内旅游收入预测［J］．内蒙古科技与经济，2014（17）：12－13．

［65］尚倩倩，宋戈，向长玉．黑龙江省巴彦县耕地资源价值体系及价值定量测算［J］．水土保持研究，2012，19（3）：231－236．

［66］沈媛媛．黑河流域地下水数值模拟模型及在水量调度管理中的应用研究［D］．长春：吉林大学，2006．

［67］石亮．明清及民国时期黑河流域中游地区绿洲化荒漠化时空过程研究［D］．兰州：兰州大学，2010．

［68］石薇．自然资源资产负债表编制方法研究［D］．杭州：浙江工商大学，2018．

［69］时仅．土地资源价值核算与时空动态研究［D］．重庆：西南大学，

2016.

[70] 苏振. 旅游产业演进与旅游公共政策研究 [D]. 昆明：云南大学，2011.

[71] 唐霞. 黑河流域人工绿洲时空演变特征及其驱动力 [D]. 北京：中国科学院大学，2016.

[72] 田伟，李新，程国栋，等. 基于地下水陆面过程耦合模型的黑河干流中游耗水分析 [J]. 冰川冻土，2012，34（3）：668 – 679.

[73] 汪桂生. 黑河流域历史时期垦殖绿洲时空变化与驱动机制研究 [D]. 兰州：兰州大学，2014.

[74] 王金南，蒋洪强，於方，等. 关于绿色 GDP 核算问题的再认识 [J]. 环境经济，2007（9）：19 – 26.

[75] 王可丽，程国栋，江灏，等. 祁连山—黑河流域水循环中的大气过程 [J]. 水科学进展，2003，14（1）：91 – 97.

[76] 王录仓. 黑河流域城镇发展的历史过程与驱动机制 [D]. 兰州：中国科学院寒区旱区环境与工程研究所，2007.

[77] 王启基，牛东玲，蒋卫平，等. 柴达木盆地农牧交错区种草养畜的生态经济效益 [J]. 草地学报，2005（3）：226 – 232.

[78] 王仕菊，黄贤金，陈志刚，等. 基于耕地价值的征地补偿标准 [J]. 中国土地科学，2008，22（11）：44 – 50.

[79] 王晓娇，陈英，齐鹏，等. 土地利用结构动态演变及预测研究——以张掖市为例 [J]. 干旱区资源与环境，2012，26（4）：86 – 91.

[80] 王毅. 县域尺度土地资源资产负债表框架设计研究 [D]. 重庆：重庆师范大学，2018.

[81] 王玉奇. 基于耕地价值的征地补偿标准研究 [D]. 西安：长安大学，2016.

[82] 王泽霞，江乾坤. 自然资源资产负债表编制的国际经验与区域策略研究 [J]. 商业会计，2014（17）：6 – 10.

[83] 王志俭. 2018 年张掖接待游客达 3178 万人次 旅游综合收入占 GDP 半壁江山 [EB/OL]. 大西北网，https：//www.sohu.com/a/329054963_119860，

2019 – 07 – 24.

[84] 王智飞，赫雁翔．关于自然资源资产负债表编制的思考 [J]．林业建设，2014（5）：44 – 47.

[85] 王忠静，王海峰，雷志栋．干旱内陆河区绿洲稳定性分析 [J]．水利学报，2002，5（5）：26 – 30.

[86] 吴新民，潘根兴．自然资源价值的形成与评价方法浅议 [J]．经济地理，2003，23（3）：323 – 326.

[87] 吴优．国民经济核算的新领域——绿色 GDP 核算 [J]．中国统计，2004（6）：5 – 6.

[88] 习近平．关于《中共中央关于全面深化改革若干重大问题的决定》的说明 [J]．学理论，2014（1）：11 – 15.

[89] 夏雨岚，蔡潇，叶晓龙，等．土地利用数量结构的预测方法研究——以九江市为例 [J]．国土资源导刊，2019，16（3）：87 – 91.

[90] 向书坚，郑瑞坤．自然资源资产负债表中的资产范畴问题研究 [J]．统计研究，2015，32（12）：5 – 13.

[91] 向书坚，郑瑞坤．自然资源资产负债表中的负债问题研究 [J]．统计研究，2016，33（12）：74 – 83.

[92] 向书坚，朱贺．政府资产负债中土地资源核算问题研究 [J]．财政研究，2017（2）：25 – 37.

[93] 肖生春，肖洪浪．黑河流域绿洲环境演变因素研究 [J]．中国沙漠，2003，23（4）：385 – 390.

[94] 肖序，王玉，周志方．自然资源资产负债表编制框架研究 [J]．会计之友，2015（19）：21 – 29.

[95] 谢高地，鲁春霞，冷允法，等．青藏高原生态资产的价值评估 [J]．自然资源学报，2003，18（2）：189 – 196.

[96] 谢高地，肖玉，甄霖，等．我国粮食生产的生态服务价值研究 [J]．中国生态农业学报，2005，13（3）：10 – 13.

[97] 谢高地，张彩霞，张雷明，等．基于单位面积价值当量因子的生态系统服务价值化方法改进 [J]．自然资源学报，2015，30（8）：1243 – 1254.

［98］谢高地，甄霖，鲁春霞，等．一个基于专家知识的生态系统服务价值化方法［J］．自然资源学报，2008，23（5）：911-919.

［99］徐渤海．中国环境经济核算体系（CSEEA）研究［D］．北京：中国社会科学院研究生院，2012.

［100］徐红霞，辛中尧，王香枝，等．甘肃黑河自然保护区昆虫调查及区系研究［J］．甘肃林业科技，2011，36（1）：19-24.

［101］徐丽芬，许学工，罗涛，等．基于土地利用的生态系统服务价值当量修订方法［J］．地理研究，2012，31（10）：1775-1784.

［102］薛智超，闫慧敏，杨艳昭，等．自然资源资产负债表编制中土地资源核算体系设计与实证［J］．资源科学，2015，37（9）：1725-1731.

［103］闫慧敏，封志明，杨艳昭，等．湖州/安吉：全国首张市/县自然资源资产负债表编制［J］．资源科学，2017，39（9）：1634-1645.

［104］杨关道．长沙市自然资源资产负债表的编制研究［D］．长沙：中南林业科技大学，2016.

［105］杨海龙，杨艳昭，封志明．自然资源资产产权制度与自然资源资产负债表编制［J］．资源科学，2015，37（9）：50-57.

［106］杨美利．D市自然资源资产负债表构建研究［D］．衡阳：南华大学，2018.

［107］杨缅昆．SEEA框架：资源价值理论基础和核算方法探究［J］．当代财经，2006（9）：121-125.

［108］杨艳昭，陈玥，宋晓谕，等．湖州市水资源资产负债表编制实践［J］．资源科学，2018，40（5）：908-918.

［109］姚霖．论自然资源资产负债表的理论范式及其资产、负债账户［J］．财会月刊（上），2017a（9）：10-14.

［110］姚霖．自然资源资产负债表基本概念释义［J］．国土资源情报，2017b（2）：25-31.

［111］姚霖，余振国．土地资源资产负债表编制问题管窥［J］．财会月刊（下），2016（7）：84-88.

［112］袁伟，郭宗楼，吴军林，等．黑河流域水资源承载能力分析［J］.

生态学报，2006（7）：2108 – 2114.

［113］张军泽，王帅，赵文武．地球界限概念框架及其研究进展［J］．地理科学进展，2019，38（4）：465 – 476.

［114］张丽君，李茂，刘新卫．中国土地资源实物量核算浅探［J］．国土资源情报，2006（3）：16 – 21.

［115］张龙深，杜政．基于多目标准则的大丰市土地利用结构预测与优化［J］．曲阜师范大学学报（自然科学版），2017，43（4）：102 – 109.

［116］张美玲，蒋文兰，陈全功，等．基于 CSCS 改进 CASA 模型的中国草地净初级生产力模拟［J］．中国沙漠，2014，34（4）：1150 – 1160.

［117］张玮，陈光平，王克强，等．建设用地资产负债表编制研究——以上海市 B 区为例［J］．中国土地科学，2017，31（8）：32 – 43.

［118］张卫民，王会．湿地资源资产负债表框架构建探索［J］．环境保护，2017，45（17）：27 – 31.

［119］张效军，欧名豪，高艳梅．耕地保护区域补偿机制之价值标准探讨［J］．中国人口·资源与环境，2008，18（5）：154 – 160.

［120］张秀丽．基于我国土地资源新分类方法的土地资源价值核算研究［D］．哈尔滨：哈尔滨工业大学，2008.

［121］张掖市统计局．张掖市国民经济和社会发展统计公报［R］．2013.

［122］张掖市统计局．张掖市国民经济和社会发展统计公报［R］．2014.

［123］张掖市统计局．张掖市国民经济和社会发展统计公报［R］．2015.

［124］张掖市统计局．张掖市国民经济和社会发展统计公报［R］．2016.

［125］张掖市统计局．张掖市国民经济和社会发展统计公报［R］．2017.

［126］赵静．黑河流域陆地水循环模式及其对人类活动的响应研究［D］．北京：中国地质大学，2010.

［127］赵良菊，尹力，肖洪浪，等．黑河源区水汽来源及地表径流组成的稳定同位素证据［J］．科学通报，2011，56（1）：62 – 74.

［128］赵士洞，张永民，赖鹏飞．千年生态系统评估报告集［M］．北京：中国环境科学出版社，2007.

［129］赵同谦，欧阳志云，郑华，等．中国森林生态系统服务功能及其价

值评价 [J]. 自然资源学报，2004，19（4）：480 - 491.

[130] 中国森林资源核算研究项目组. 生态文明制度构建中的中国森林资源核算研究 [M]. 北京：中国林业出版社，2014.

[131] 中华人民共和国国家统计局. 中国统计年鉴（2011）[M]. 北京：中国统计出版社，2011.

[132] 周宏春. 生态文明体制改革：知易行难 [J]. 中国环境管理，2016，8（1）：114.

[133] 周胜明. 黑河流域水资源可持续利用研究 [D]. 南京：河海大学，2006.

[134] 朱婷，施从炀，陈海云，等. 自然资源资产负债表设计探索与实证——以京津冀地区林木资源为例 [J]. 生态经济，2017，33（1）：159 - 166.

[135] 朱文泉，潘耀忠，张锦水. 中国陆地植被净初级生产力遥感估算 [J]. 植物生态学报，2007，31（3）：413 - 424.

[136] 诸培新，卜婷婷，吴正廷. 基于耕地综合价值的土地征收补偿标准研究 [J]. 中国人口·资源与环境，2011，21（9）：32 - 37.

[137] Alfsen Knuth, Greaker Mads. From Natural Resources and Environmental Accounting to Construction of Indicators for Sustainable Development [J]. Ecological Economics, 2007, 61: 600 - 610.

[138] Bartelmus Peter. Environmental-Economic Accounting: Progress and Digression in the SEEA Revisions [J]. Review of Income and Wealth, 2014, 60: 887 - 904.

[139] Bojie Fu, Yongguan Zhu, Shuai Wang. Earth Surface Processes and Environmental Sustainability in China: Preface [J]. Earth and Environmental Science Transactions of the Royal Society of Edinburgh, 2019, 109: 373 - 374.

[140] Burritt Roger L, Saka Chika. Environmental Management Accounting Applications and Eco-Efficiency: Case Studies from Japan [J]. Journal of Cleaner production, 2006, 14: 1262 - 1275.

[141] Chen Rensheng, Wang Yang Y, et al. Effects of Cryospheric Change on Alpine Hydrology: Combining a Model with Observations in the Upper Reaches of

the Hei River, China [J]. Journal of Geophysical Research: Atmospheres, 2018, 123: 3414 – 3442.

[142] Constantino Cesare, Falcitelli Frederico, Femia Aldo, et al. Integrated Environmental and Economic Accounting in Italy [J]. Source OECD Social Issues /Migration /Health, 2004.

[143] Costanza Robert, D'arge Ralph, DE Groot Rudolf, et al. The Value of the World's Ecosystem Services and Natural Capital [J]. Nature, 1997, 387: 253 – 260.

[144] Daily Gretchen C. Nature's Services: Societal Dependence on Natural Ecosystems [M]. Washington, DC: Island Press 1998.

[145] De Groot Rudolf S, Wilson Matthew A, Boumans Roelof M. J. A Typology for the Classification, Description and Valuation of Ecosystem Functions, Goods and Services [J]. Ecological Economics, 2002, 41: 393 – 408.

[146] Edens Bram, Graveland Cor. Experimental Valuation of Dutch Water Resources According to SNA and SEEA [J]. Water Resources and Economics, 2014, 7: 66 – 81.

[147] Gerlagh Reyer, Dellink Rob, Hofkes Marjan, et al. A Measure of Sustainable National Income for the Netherlands [J]. Ecological Economics, 2002, 41: 157 – 174.

[148] Hambira Wame L. Natural Resources Accounting: A Tool for Water Resources Management in Botswana [J]. Physics and Chemistry of the Earth, Parts A/B/C, 2007, 32: 1310 – 1314.

[149] Kontogianni Areti, Skourtos Mihalis S, Langford Ian H, et al. Integrating Stakeholder Analysis in Non-Market Valuation of Environmental Assets [J]. Ecological Economics, 2001, 37: 123 – 138.

[150] Last J. M. Our Common Future [J]. Revue Canadienne De Santé Publique, 1987, 78: 366.

[151] Lei Yu, Li Xiangquan, Ling Hongbo. Model for Calculating Suitable Scales of Oases in a Continental River Basin Located in an Extremely Arid Region, China [J]. Environmental Earth Sciences, 2015, 73: 571 – 580.

［152］ Lomas Pedro L, Giampietro Mario. Environmental Accounting for Eco-system Conservation: Linking Societal and Ecosystem Metabolisms ［J］. Ecological Modelling, 2017, 346: 10 – 19.

［153］ Obst Cari G. Reflections on Natural Capital Accounting at the National Level: Advances in the System of Environmental-Economic Accounting ［J］. Sustainability Accounting, Management and Policy Journal, 2015, 6: 315 – 339.

［154］ Portela Rosimeiry, Rademacher Ida. A Dynamic Model of Patterns of Deforestation and Their Effect on the Ability of the Brazilian Amazonia to Provide E-cosystem Services ［J］. Ecological Modelling, 2001, 143: 115 – 146.

［155］ Qin Chun, Yang Bao, Braeuning Achim, et al. Drought Signals in Tree-Ring Stable Oxygen Isotope Series of Qilian Juniper from the Arid Northeastern Tibetan Plateau ［J］. Global and Planetary Change, 2015, 125: 48 – 59.

［156］ Qin Chun, Yang Bao, Burchardt Iris, et al. Intensified Pluvial Conditions During the Twentieth Century in the Inland Heihe River Basin in Arid North-western China over the Past Millennium ［J］. Global and Planetary Change, 2010, 72: 192 – 200.

［157］ Rockström Johan, Steffen Will, Noone Kevin, et al. A Safe Operating Space for Humanity ［J］. Nature, 2009, 461: 472 – 475.

［158］ Simon, David. Our Common Future: Report of the World Commission on Environment and Development (Book Review) ［J］. Third World Planning Review, 1987, 9: 285.

［159］ Stahmer Carsten. Integrated Environmental and Economic Accounting ［M］. Berlin Heidelberg: Springer, 1997.

［160］ Steffen Will, Richardson Katherine, Rockström Jahan, et al. Planetary Boundaries: Guiding Human Development on A Changing Planet ［J］. Science, 2015, 347.

［161］ United Nations Statistics Division. Integrated Environmental and Eco-nomic Accounting: An Operational Manual ［R］. 2000: 100 – 118.

［162］ Wahaphalik Tashpolattiyip. Study on Human Driving Mechanism Soft the

Oasis Land Use Changes in Arid Region [J]. Journal of Arid Land Resources and Environment, 2007, 21: 1 – 6.

[163] Yang Bao, Qin Chun, Shi Feng, et al. Tree Ring-Based Annual Streamflow Reconstruction for the Heihe River in Arid Northwestern China from AD 575 and its Implications for Water Resource Management [J]. The Holocene, 2012, 22: 773 – 784.

[164] Zhu Qiantao, Zhao Wenzhi. Correcting Climate Model Simulations in Heihe River Using the Multivariate Bias Correction Package [J]. Environmental and Ecological Statistics, 2018, 25: 387 – 403.

[165] Zhu Qiantao, Zhao Wenzhi, Guo Jian, et al. Cash Gifts, Perception of Social Sphere and Distribution of Water Resources for Rural Farmers in a Typical Oasis Area in Northwest China [J]. Sciences in Cold and Arid Regions, 2018, 10: 180 – 186.

附表　部分基础数据采集表

附表 1

张掖市部分乡乡镇土地利用状况基础调查分类面积及构成

单位：公顷

乡镇	耕地	园地	林地	牧草地	其他农用地	城镇用地	农村居民点	独立工矿用地	其他建设用地	交通运输用地	水利设施用地	水域	自然保留地
安阳乡	5876.47	90.13	166.67	346.56	1054.12	0	349.14	5.36	28.87	11.36	0	1468.41	2173.52
花寨乡	2751.31	22.28	180.30	349.28	428.03	0	188.98	0	10.69	14.45	0	306.04	2825.37
龙渠乡	3381.97	68.90	238.29	0.80	645.66	0	263.31	5.85	13.61	11.72	1.6	9.75	266.22
大满镇	6794.34	204.18	438.40	0.26	1000.92	15.16	722.82	23.35	42.01	15.05	1.35	0	1007.57
小满镇	5838.21	240.50	88.80	0.04	829.13	9.84	533.47	4.51	93.18	31.57	0.01	0	62.36
长安乡	2424.20	15.70	7.65	0	222.17	0	348.96	3	6.87	9.52	0	0	20.45
新墩镇	2738.52	28.27	89.62	14.96	357.81	34.67	349.84	11.34	4.74	46.51	1.53	4.81	636.68
党寨镇	6391.51	64.04	419.16	23.77	902.81	12.28	715.42	58.7	24.87	19.94	0	10.47	1091.34
梁家墩镇	1261.50	14.94	5.53	0	132.97	41.11	290.11	0.85	0.26	17.71	0	0	4.48

续表

乡镇	耕地	园地	林地	牧草地	其他农用地	城镇用地	农村居民点	独立工矿用地	其他建设用地	交通运输用地	水利设施用地	水域	自然保留地
上秦镇	3272.45	61.64	47.66	0	506.08	8.06	498.48	3.64	11.69	8.93	0.69	59.97	160.80
碱滩镇	7131.34	71.73	534.32	0.24	1193.68	8.37	526.44	7.44	31.70	77.96	0	69.1	698.44
乌江镇	6035.53	166.23	284.54	4.19	654.44	18.09	443.78	3.65	19.97	31.74	0.56	60.59	465.20
靖安乡	1580.26	7.05	37.92	0	224.41	0	144.29	38.85	1.88	11.4	1.38	0.47	590.90
沙井镇	11890.20	493.13	606.27	25.54	1450.61	24.65	876.95	68.53	104.84	66.43	8.23	3.34	2163.26
明永乡	4804.84	43.52	125.54	44.20	719.19	0	437.18	13.69	25.43	31.06	0.62	13.66	1300.14
甘浚镇	6739.93	62.72	463.62	0.04	1210.21	14.32	557.55	28.11	26.15	37.07	0.12	36.73	4185.85
平山湖乡	121.80	0	11.77	175.57	182.45	0	14.98	0	475.14	0	0	2585.18	121508.44
城关镇	482.98	8.13	58.85	0	75.16	2283.16	26.61	0	0	93.25	0	7.99	36.13
……	……	……	……	……	……	……	……	……	……	……	……	……	……

资料来源：根据张掖市各县乡自然资源部门数据整理，篇幅限制，表格仅提取部分县和乡镇收集的数据作展示，是实物量和价值量核算的基础之一。

附表 2　　　　张掖市部分乡镇耕地资源自然质量等级面积汇总　　　　单位：公顷

乡镇名	10 等	11 等	12 等	13 等	合计
安阳乡	4481.30	665.23	21.03	818.23	5985.79
花寨乡	1771.49	74.73	330.47	593.58	2770.28
龙渠乡	3396.97	0.00	0.00	0.00	3396.97
大满镇	6769.81	0.00	9.57	0.00	6779.38
小满镇	5818.47	0.00	0.00	0.00	5818.47
长安乡	2361.93	0.00	0.00	0.00	2361.93
新墩镇	1992.82	23.41	0.00	0.00	2016.23
党寨镇	5940.91	8.82	427.27	0.00	6377.00
梁家墩镇	1210.29	0.00	0.00	0.00	1210.29
上秦镇	2998.85	0.00	228.92	0.00	3227.77
碱滩镇	6405.40	51.00	710.41	0.00	7166.81
三闸镇	3308.16	154.89	666.45	0.00	4129.50
乌江镇	5950.56	38.38	0.00	0.00	5988.94
靖安乡	1520.91	79.10	0.00	0.00	1600.01
沙井镇	9712.35	207.09	1979.95	0.26	11899.65
明永乡	4787.74	22.47	1.37	0.00	4811.57
甘浚镇	5836.78	154.25	903.22	3.67	6897.92
平山湖乡	109.70	0.00	12.29	0.00	121.98
城关镇	293.77	0.00	0.00	0.00	293.77
林园艺场	970.45	10.08	152.51	0.00	1133.04
农场	1504.20	272.45	332.45	0.00	2109.11
东北郊新区	90.27	0.00	0.00	0.00	90.27
国有土地	6.72	0.00	0.00	0.00	6.72
石岗墩滩	1294.33	548.20	457.90	0.00	2300.42
兔儿坝滩	0.00	0.00	135.51	0.00	135.51
西大湖滩	79.18	0.00	0.00	0.00	79.18
五个墩滩	26.48	0.00	132.73	0.00	159.21
新庙滩	13.58	24.18	0.00	8.13	45.89
巴吉滩	38.99	0.00	0.00	0.00	38.99

乡镇名	10 等	11 等	12 等	13 等	合计
黑河滩	6.39	0.00	1.14	0.00	7.53
神沙窝滩	576.23	456.59	218.63	0.00	1251.46
北山坡滩	236.49	182.42	0.00	0.00	418.90
大岗楼子滩	2.34	0.00	49.11	0.00	51.45
胶泥洼滩	108.42	0.00	0.00	3.94	112.36
祁连刀山	1.39	0.00	0.00	0.00	1.39
安阳滩	105.52	0.00	0.00	0.00	105.52
……	……	……	……	……	……

资料来源：根据张掖市及各县乡自然资源部门数据整理；仅以部分县和乡镇收集的数据作展示，是价值量核算基础之一。

附表3　　研究期间张掖市耕地自然质量等级地类面积汇总对比

——以甘州区为例　　　　　　　　　　　单位：公顷

地类名称	对比项	10 等	11 等	12 等	13 等	总计
水田	基期	1084.92	7.44	0.00	0.00	1092.36
	对照期	1080.44	7.44	0.00	0.00	1087.88
	变动值	−4.48	0.00	0.00	0.00	−4.48
水浇地	基期	80539.87	2970.07	7015.80	17.77	90543.52
	对照期	80411.15	2965.84	7013.62	17.77	90408.38
	变动值	−128.73	−4.23	−2.19	0.00	−135.14
旱地	基期	0.00	0.00	0.00	1420.67	1420.67
	对照期	0.00	0.00	0.00	1410.04	1410.04
	变动值	0.00	0.00	0.00	−10.63	−10.63
合计	基期	81624.79	2977.51	7015.80	1438.44	93056.55
	对照期	81491.58	2973.28	7013.62	1427.81	92906.30
	变动值	−133.21	−4.23	−2.19	−10.63	−150.25

资料来源：根据张掖市及各区县自然资源局数据整理，是地类价值量核算的基础之一。

附表4 　　　　　　　　2017 年张掖市建设项目用地来源构成 　　　　　　单位：公顷

县区	总面积	农用地			建设用地	未利用地
		小计	耕地	其他		
甘州区	184.12	107.48	85.39	22.09	59.50	17.13
	2761.79	1612.26	1280.91	331.34	892.57	256.96
临泽县	134.97	29.62	18.05	11.57	40.77	64.58
	2024.59	444.35	270.75	173.60	611.52	968.72
高台县	24.88	7.16	6.97	0.20	3.84	13.87
	373.25	107.48	104.53	2.95	57.66	208.11
山丹县	113.29	90.98	28.76	62.22	2.48	19.84
	1699.38	1364.64	431.41	933.23	37.21	297.53
民乐县	270.81	67.44	48.24	19.21	46.53	156.83
	4062.09	1011.62	723.54	288.08	698.02	2352.45
肃南县	51.68	26.70	3.57	23.13	8.00	16.98
	775.25	400.51	53.60	346.91	120.05	254.69
市本级	0.00	0.00	0.00	0.00	0.00	0.00
	0.00	0.00	0.00	0.00	0.00	0.00
合计	779.76	329.39	190.98	138.41	161.13	289.23
	11696.35	4940.86	2864.74	2076.11	2417.03	4338.46

资料来源：根据张掖市及各县建设局/部门、自然资源局/部门数据整理，是地类转换的基础数据来源之一。

附表5 　　　　　　　2013～2017 年张掖市分年度建设用地增量构成 　　　　　　单位：公顷

县区	2013 年	2014 年	2016 年	2016 年	2017 年
甘州区	870.81	304.57	210.79	397.90	184.12
	13062.15	4568.56	3161.68	5968.52	2761.79
临泽县	471.95	153.28	438.69	335.80	134.97
	7079.25	2299.18	6580.31	5037.00	2024.59
高台县	838.09	63.66	76.59	60.00	24.88
	12571.35	954.95	1148.91	900.07	373.25
山丹县	162.21	425.62	303.94	248.36	113.29
	2433.15	6384.23	4559.02	3725.43	1699.38

续表

县区	2013 年	2014 年	2016 年	2016 年	2017 年
民乐县	342.89	347.12	399.96	78.70	270.81
	5143.35	5206.74	5999.25	1180.49	4062.09
肃南县	159.75	19.09	41.48	57.02	51.68
	2396.25	286.32	622.16	855.36	775.25
市本级	311.77	19.81	0.00	0.00	0.00
	4676.55	297.22	0.00	0.00	0.00
合计	3157.47	1333.15	1471.43	1177.79	779.76
	47362.05	19997.20	22071.33	17666.87	11696.35

资料来源：根据张掖市及各县建设局/部门、自然资源局/部门数据整理，是负债核算的基础数据来源之一。

附表 6　2017 年造林概况表——以高台县为例

指标名称	计量单位	全部完成面积	其中：中央投资完成面积
一、造林面积	公顷	3500.17	2168.22
1. 人工造林面积	公顷	2633.48	1301.03
其中：新造混交林面积	公顷	1265.11	
其中：非林业用地造林面积	公顷		
其中：新造灌木林面积	公顷	776.00	
其中：新造竹林面积	公顷		
2. 飞播造林面积	公顷		
①荒山飞播面积	公顷		
②飞播营林面积	公顷		
3. 当年新封山（沙）育林面积	公顷	867.17	867.17
①无林地和疏林地新封山育林面积	公顷	867.43	867.43
②有林地和灌木林地新封山育林面积	公顷		
4. 退化林修复面积	公顷		
其中：纯林改造混交林面积	公顷		
①低效林改造面积	公顷		
②退化林防护林改造面积	公顷		

续表

指标名称	计量单位	全部完成面积	其中：中央投资完成面积
5. 人工更新面积	公顷		
其中：新造混交林面积	公顷		
其中：人工促进天然更新面积	公顷		
二、森林抚育面积	公顷	333.72	333.72
三、年末实有封山（沙）育林面积	公顷	10801.25	
四、四旁（零星）植树	株	394000.46	
五、林木种苗			
1. 林木种子采集量	吨		
2. 当年苗木产量	株	22520000.21	
3. 育苗面积	公顷	177.33	
其中：国有育苗面积	公顷	3500.17	2168.22

资料来源：根据张掖市高台县林草局数据整理，仅以高台县收集数据作展示，是负债核算的基础数据来源之一。

附表7　　　　2017年污染物排放总量情况——以临泽县为例

指标名称	计量单位	排放总量	工业源	农业源	生活源
废水	万吨	357.73	75.35	—	282.28
化学需氧量	吨	157.24	114.73	0.00	33.93
氨氮	吨	33.89	10.87	0.00	22.16
总氮	吨	61.37	24.81	0.00	33.70
总磷	吨	8.35	7.03	0.00	1.30
石油类	吨	0.00	0.00	—	—
挥发酚	千克	0.00	0.00	—	—
氰化物	千克	0.00	0.00	—	—
废水砷	千克	0.05	0.00	—	—
废水铅	千克	0.21	0.00	—	—
废水镉	千克	0.04	0.00	—	—
废水汞	千克	0.01	0.00	—	—

续表

指标名称	计量单位	排放总量	工业源	农业源	生活源
废水总铬	千克	0.09	0.00	—	—
废水六价铬	千克	0.00	0.00	—	—
二氧化硫	吨	1653.95	1155.00	498.95	—
氮氧化物	吨	260.27	201.57	58.70	0.00
烟（粉）尘	吨	1266.43	846.72	419.71	0.00
挥发性有机物	吨	4633.16	4615.55	17.61	0.00
废气砷	千克	0.00	0.00	—	—
废气铅	千克	0.00	0.00	—	—
废气镉	千克	0.00	0.00	—	—
废气汞	千克	0.00	0.00	—	—
废气总铬	千克	0.00	0.00	—	—
废气六价铬	千克	0.00	0.00	—	—

　　资料来源：根据张掖市临泽县环保局数据整理，仅以临泽县收集的数据作展示，是负债核算的基础数据来源之一。

附表8　　　　　　　张掖市水资源供需平衡表　　　　　　单位：万立方米

灌区名称	规划年可供水量（万立方米/年）	规划年毛需水总量（万立方米/年）	供需差额	
			余水量（+）	缺水量（-）
新坝灌区	1105.29	1022.61	82.68	
红崖子灌区	1093.37	980.74	112.63	
六坝灌区	713.28	659.50	53.78	
友联灌区	2130.57	1970.43	160.14	
梨园河灌区	2075.39	2014.73	60.66	
沙河灌区	1419.29	1332.65	86.64	
鸭暖灌区	1215.13	1092.97	122.16	
板桥灌区	312.69	243.78	68.91	
蓼泉灌区	425.77	389.85	35.92	
安阳灌区	799.42	836.80		-37.38
花寨灌区	529.66	611.32		-81.66

续表

灌区名称	规划年可供水量 （万立方米/年）	规划年毛需水总量 （万立方米/年）	供需差额	
			余水量（+）	缺水量（-）
上三灌区	721.00	637.79	83.21	
大满灌区	4242.18	3985.29	256.89	
西浚灌区	4138.75	3793.45	345.30	
盈科灌区	2223.64	2035.01	188.63	
大堵麻灌区	1834.41	1728.72	105.69	
海潮坝灌区	1128.97	1050.11	78.86	
洪水河灌区	1529.26	1433.64	95.62	
童子坝灌区	2647.66	2499.42	148.24	
霍城灌区	863.87	769.87	94.00	
老军灌区	129.25	203.51		-74.26
新开坝渠	189.62	187.81	1.81	
李桥水库	2204.30	2035.46	168.84	
上三坝灌区	721.57	727.78		-6.21
祁家店水库	960.15	882.93	77.22	
大马营滩	132.25	300.52		-168.27

资料来源：根据张掖市及各县乡自然资源局及部门数据整理，是未来预估部分基础数据来源之一。

附表9　　　　张掖市后备宜农土地资源潜力代表性指标汇总

潜力分级	行政区域	乡镇	潜力规模 （公顷）	增加农用地面积（公顷）		新增耕地系数（%）
				小计（公顷）	其中增加耕地面积（公顷）	
I 级	甘州区	梁家墩镇	2.30	1.72	1.66	72.45
	甘州区	碱滩镇	679.15	509.36	508.35	74.85
	甘州区	甘浚镇	4311.09	3233.32	3150.87	73.09
	甘州区	林园艺场	4094.25	3070.69	3032.92	74.08
	高台县	南华镇	17097.38	12823.03	12793.54	74.83
	高台县	黑泉镇	80612.27	60459.20	58040.83	72.00
	高台县	新坝镇	65590.79	49193.09	48588.02	74.08
	临泽县	板桥镇	97580.34	73185.26	73016.93	74.83
	民乐县	丰乐乡	1903.77	1427.83	1410.27	74.08

潜力分级	行政区域	乡镇	潜力规模（公顷）	增加农用地面积（公顷）		新增耕地系数（%）
				小计（公顷）	其中增加耕地面积（公顷）	
Ⅰ级	民乐县	农场	776.41	582.30	569.32	73.33
	山丹县	清泉镇	54737.35	41053.01	38495.41	70.33
	山丹县	陈户乡	15405.50	11554.12	11065.38	71.83
	山丹县	老军乡	26095.06	19571.30	18547.72	71.08
	肃南县	马蹄乡	55748.94	41811.70	41715.54	74.83
	……	……	……	……	……	……
	小计		637196.54	477897.40	468777.45	
Ⅱ级	甘州区	安阳乡	3676.59	2757.44	2416.62	65.73
	甘州区	长安乡	20.83	15.62	13.35	64.08
	甘州区	党寨镇	1035.39	776.54	696.25	67.25
	甘州区	上秦镇	198.07	148.55	135.18	68.25
	甘州区	三闸镇	1304.89	978.66	848.50	65.03
	甘州区	安阳滩	5308.74	3981.55	3259.70	61.40
	甘州区	枸子沟滩	2208.88	1656.66	1470.62	66.58
	高台县	合黎镇	31250.25	23437.69	20805.64	66.58
	临泽县	新华镇	17940.06	13455.05	11944.04	66.58
	临泽县	五泉林场	1677.15	1257.86	1094.05	65.23
	民乐县	永固镇	1659.72	1244.79	1105.00	66.58
	山丹县	李桥乡	4096.76	3072.57	2694.64	65.78
	……	……	……	……	……	……
	小计		284861.82	213646.36	193678.09	
Ⅲ级	甘州区	花寨乡	3181.63	2386.23	1903.56	59.83
	甘州区	龙渠乡	288.47	216.35	160.53	55.65
	甘州区	新墩镇	546.55	409.91	307.92	56.34
	甘州区	沙井镇	2209.58	1657.19	1276.03	57.75
	高台县	骆驼城镇	18782.21	14086.66	9687.39	51.58
	临泽县	平川镇	61171.07	45878.30	32009.29	52.33
	临泽县	沙河镇	2979.08	2234.31	1536.54	51.58
	临泽县	沙河林场	405.43	304.07	230.39	56.83
	民乐县	南丰乡	952.01	714.00	483.88	50.83
	民乐县	三堡镇	1128.64	846.48	590.59	52.33
	肃南县	皇城镇	4584.41	3438.31	2292.56	50.01
	……	……	……	……	……	……
	小计		441974.28	331480.71	241015.70	

续表

潜力分级	行政区域	乡镇	潜力规模（公顷）	增加农用地面积（公顷）		新增耕地系数（%）
				小计（公顷）	其中增加耕地面积（公顷）	
Ⅳ级	甘州区	大满镇	1052.64	789.48	428.92	40.75
	甘州区	小满镇	77.69	58.27	32.96	42.43
	甘州区	乌江镇	393.34	295.00	189.78	48.25
	高台县	巷道镇	949.76	712.32	365.97	38.53
	高台县	城关镇	10.01	7.51	3.14	31.33
	临泽县	临泽农场	795.20	596.40	308.76	38.83
	临泽县	临泽牛场	276.37	207.28	115.60	41.83
	民乐县	林园艺场	176.40	132.30	60.55	34.33
	民乐县	国有土地	21410.57	16057.92	10240.14	47.83
	山丹县	霍城镇	4213.80	3160.35	1857.34	44.08
	山丹县	大马营乡	2590.94	1943.20	1161.45	44.83
	山丹县	国有土地	476.97	357.73	156.58	32.83
	山丹马场	甘肃中牧山丹马场	2254.16	1690.62	537.11	23.83
	肃南县	祁丰乡	801241.93	600931.45	263027.69	32.83
	肃南县	康乐乡	23633.67	17725.26	11303.40	47.83
	……	……	……	……	……	……
	小计		905168.20	678876.15	309474.93	

资料来源：根据张掖市及各县乡自然资源局及部门数据整理。